AF412469

Michael Gerngroß
Spuren / Traces

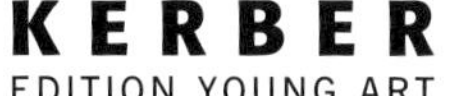

KERBER
EDITION YOUNG ART

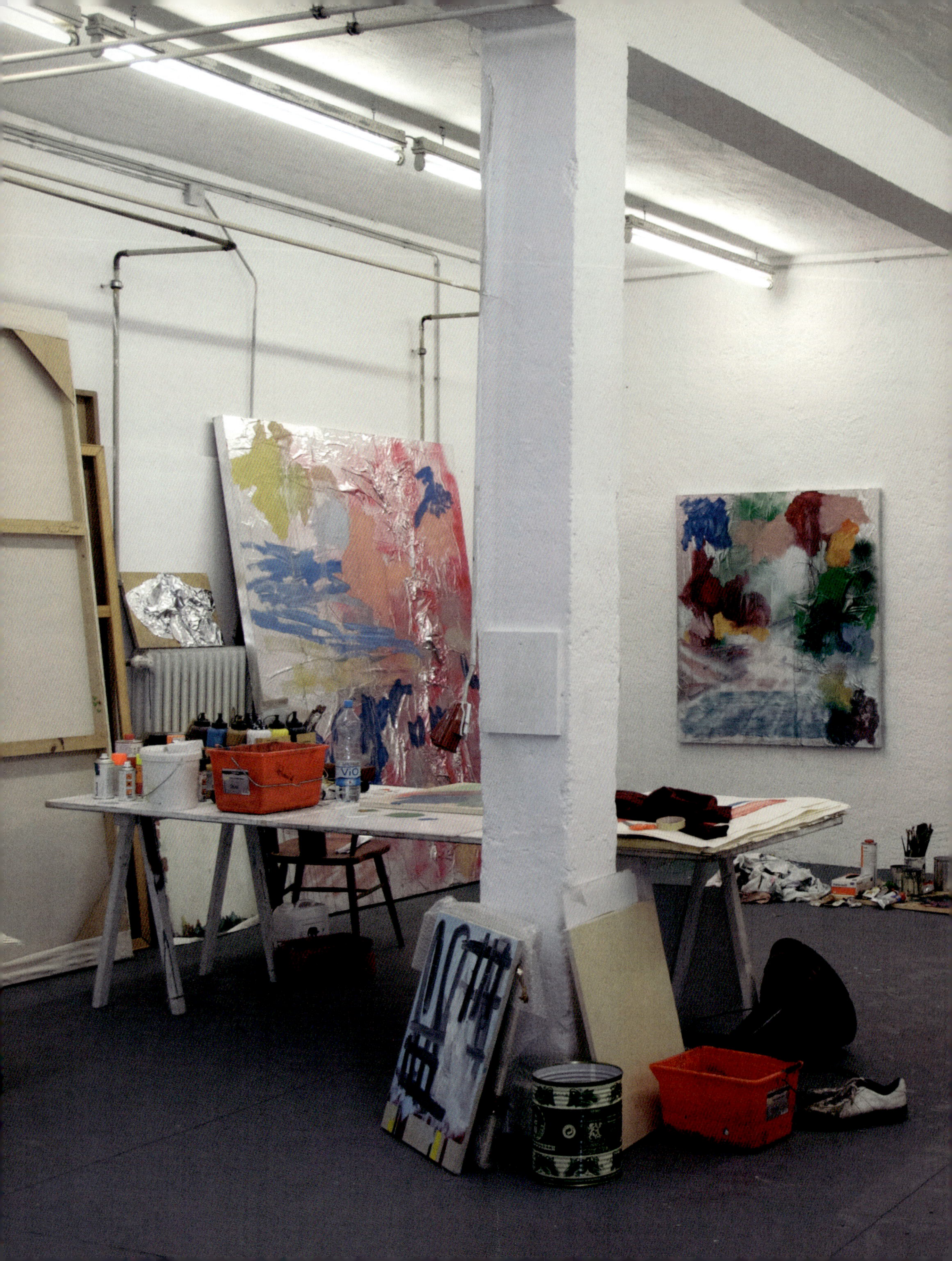

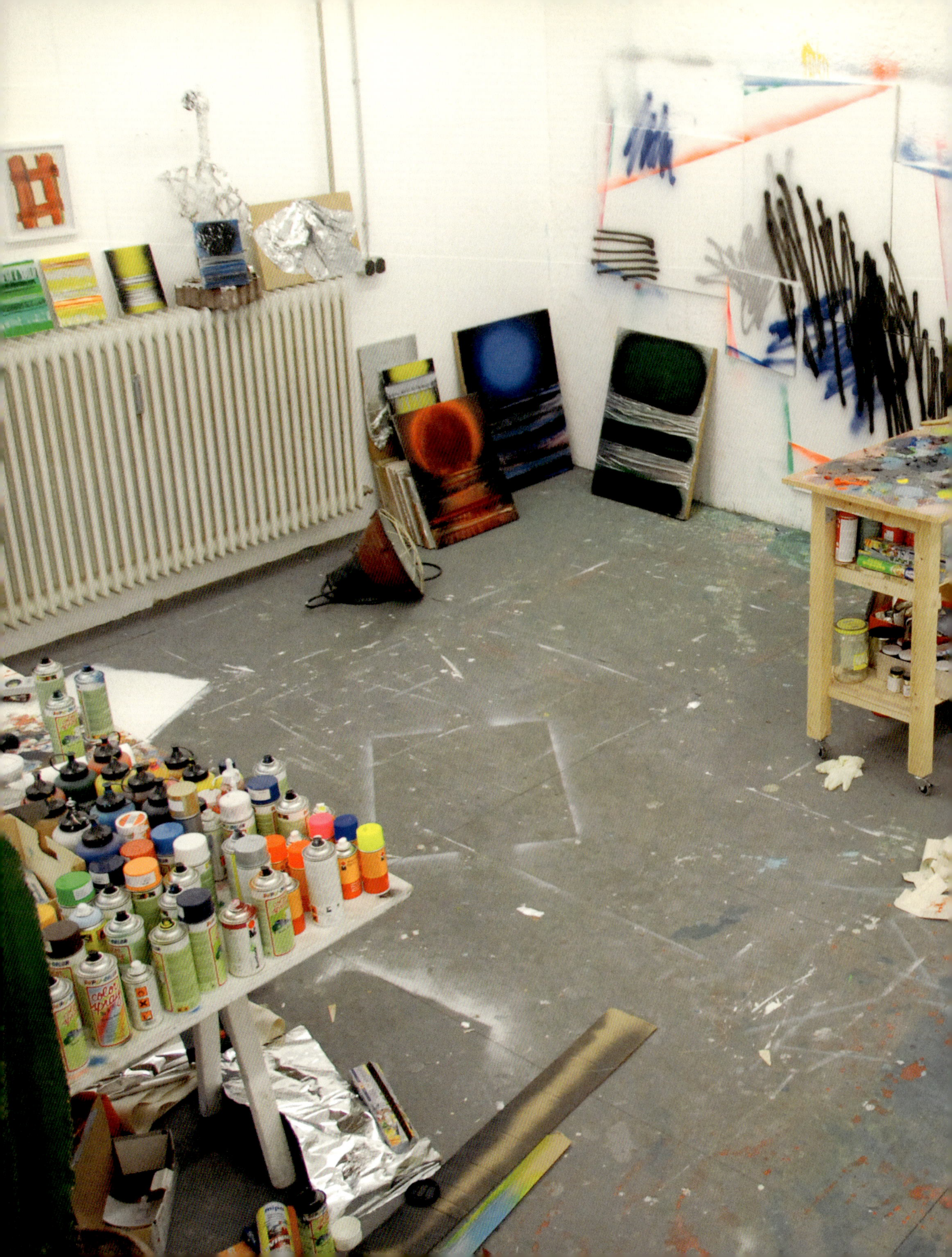

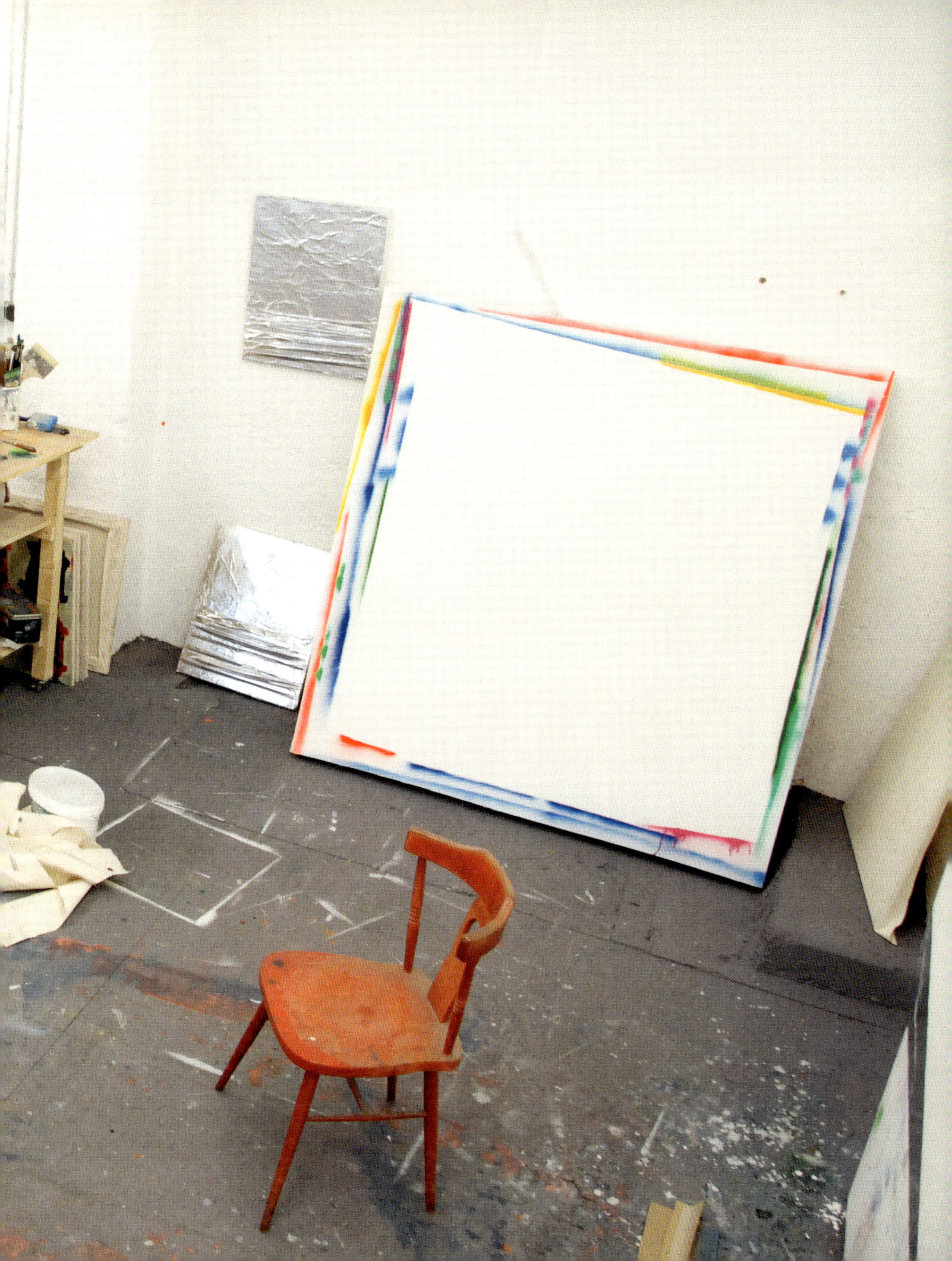

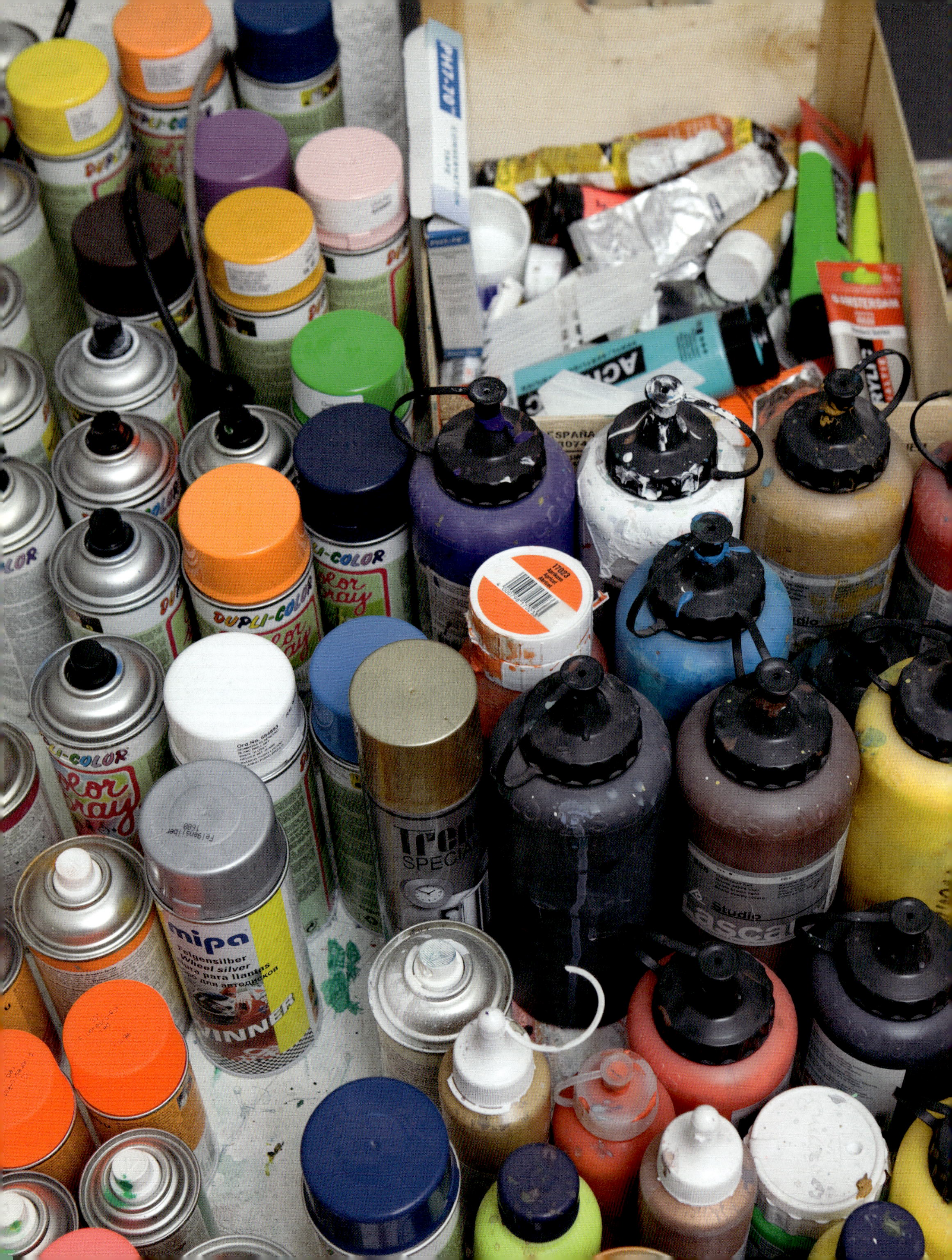

True Colours

Bettina Beckert

'All art is at once surface and symbol. Those who go beneath the surface do so at their peril. Those who read the symbol do so at their peril. It is the spectator, and not life, that art really mirrors.' (Oscar Wilde)

Yellow surges into aluminium-grey structures in the shape of horizontal lines – it seems to flow and sets the work "Horizontale Struktur Gelb, 2009" (page 68) in motion before the eyes of the viewer. The parts formed out of aluminium foil sensually outcrop into the room, demanding space and attention, which is broken up by the colour and the gestural application. Haptic, elementary and powerful.

The new, abstract works by Michael Gerngroß, created since mid-2009, are fireworks of colour and structure, opening up to formidable worlds of images or closing the surface by horizontal elements of colour, giving only glimpses or hints of the layers underneath. Gerngroß uses different possibilities of applying colour. From spraying to the carefully placed brushstroke to deliberately letting thickly applied colour run down, the artist plays with chance and purpose. This contradiction is supported by the choice of colours, glaring pink, harmonious blue, jolting black. Gerngroß purposely sets the expression in relation to the surface structure, he reacts to it, but leaving enough free space to allow the works to be open and letting them develop their own potential. By implementing different forms of expression bringing to mind the gestures of abstract expressionism or graffiti of the 1980s, Gerngroß demonstrates his interest in mechanisms evoking certain emotions. The works are oscillating, characterized by their ambivalence between artificial appearance and the idea of human emotions and conditions.

His painting was initially inspired directly by landscape and nature and affected by an originally romantic spirit. Michael Gerngroß gathered impressions on travels and from nature, which were not immediately transformed, but later infused into the composition of a work in free association. Thus it might be that weeks later he would remember a certain light or spatial circumstance and take it up. He used a concept which, in contrast to classical plein

Farbecht

Bettina Beckert

„Alle Kunst ist zugleich Oberfläche und Symbol. Wer unter die Oberfläche dringt, tut dies auf eigene Gefahr. Wer dem Symbol nachgeht, tut das auf eigene Gefahr. In Wahrheit spiegelt die Kunst den Betrachter, nicht das Leben." (Oscar Wilde)

Das Gelb drängt sich als horizontale Linien in aluminiumgraue Strukturen – scheint zu fließen und lässt das Werk „Horizontale Struktur Gelb" (Seite 68) vor dem Auge des Betrachters in Bewegung geraten. Sinnlich treten die aus Aluminiumfolie geformten Elemente in den Raum, fordern Platz und Aufmerksamkeit, die durch die Farbe und den gestischen Auftrag aufgebrochen wird: haptisch, elementar und kraftvoll.

Die neuen, abstrakten Werke von Michael Gerngroß, die seit Mitte 2009 entstehen, sind ein Feuerwerk an Farbe und Struktur, öffnen sich zu gewaltigen Bildwelten oder verschließen durch horizontal angelegte Farbelemente die Bildoberfläche und lassen die tieferen Schichten nur hervorblinzeln oder erahnen. Gerngroß verwendet verschiedene Möglichkeiten des Farbauftrages, vom Sprayen über den gezielten Pinselstrich zum bewussten Herunterlaufenlassen der dick aufgebrachten Farbe, hier spielt der Künstler mit Zufall und Absicht. Diese Gegensätzlichkeit wird unterstützt durch die Farbwahl, schreiendes Pink, an anderer Stelle harmonisches Blau, Schwarz das fasziniert. Gerngroß setzt seine Ausdrucksweise gezielt in Beziehung zur Struktur der Bildoberfläche, er reagiert darauf, lässt aber dennoch genügend Freiraum, dass die Werke offen sind und damit ihr

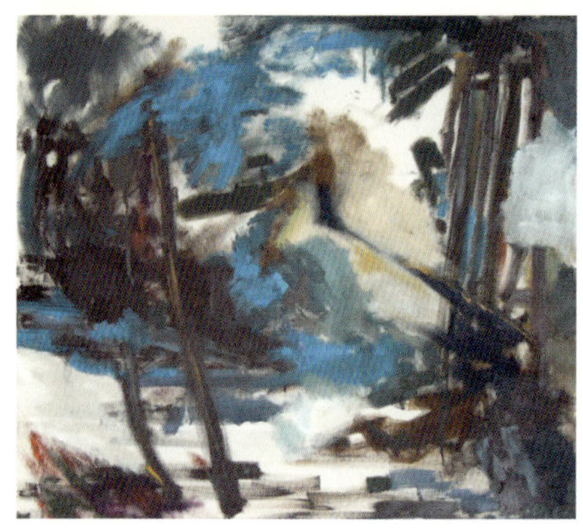

Imaginary Places I

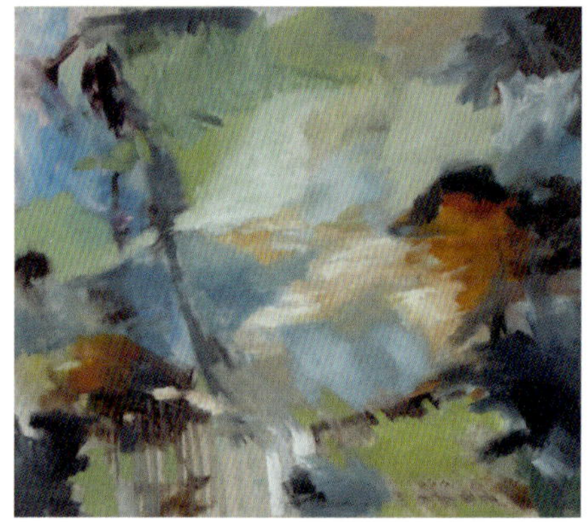

Imaginary Places II

air painting, was not created on-site, nor did it originate from sketches or photographs.

Light and emotion, sentiments expressed by interlocking colour fields, come to the fore. He is interested in the nature of the landscape or in topographical aspects only insofar as he intuitively seizes and grasps them. Here, colour was and always is the defining element, the essence. The antitheses warm and cold, light and dark are decisive parameters of the formal composition. Michael Gerngroß considers composition as the key point: 'it is important to me that a painting is understood as a landscape'. For the viewer, this means having to make the painting accessible physically, step by step, like a landscape. They are 'imaginary places', landscapes sprung from his imagination, transformed into reality by brush and paint. "Salome" is a beautiful example, created after a visit to the opera – an abstract scenery, evoking associations of a landscape, seemingly a contradiction to the vigorous, dark colours. Its radicalism and roughness heighten the viewer's

ganz eigenes Potenzial entwickeln. Indem er sich die verschiedensten Ausdrucksformen aneignet, die an Gesten des abstrakten Expressionismus oder an Graffitis der 1980er Jahre erinnern, zeigt Gerngroß sein Interesse an Mechanismen, die bestimmte Emotionen evozieren. Die Werke oszillieren und charakterisieren sich durch ihre Ambivalenz zwischen artifizieller Erscheinung und der Idee von menschlichen Gefühlen und Zuständen.

Anfänglich war seine Malerei unmittelbar von Landschaft und Natur inspiriert und geprägt von einem ursprünglich romantischen Geist. Michael Gerngroß sammelte Eindrücke auf Reisen und in der Natur, die er allerdings nicht unmittelbar umsetzte, sondern erst später frei assoziativ in die Bildgestaltung mit aufnahm. So konnte es sein, dass er sich nach Wochen an eine bestimmte Lichtsituation oder räumliche Begebenheit erinnerte und diese dann aufgriff. Ein Konzept, das im Gegensatz zur klassischen Pleinairmalerei nicht vor Ort entstand und auch nicht auf Skizzen oder Fotografien beruhte.

Licht und Emotion, Stimmungen ausgedrückt durch Farbflächen, die ineinandergreifen, stehen im Vordergrund. Die Beschaffenheit der Landschaft oder topografische Aspekte interessieren ihn nur insofern, als dass er sie situativ aufgreift und begreift. Die Farbe war und ist dabei das gestaltende Element, die Essenz. Die Gegensatzpaare warm und kalt, hell und dunkel sind entscheidende Parameter im formalen Bildaufbau. Für Michael Gerngroß ist die Komposition der zentrale Punkt: „Mir ist wichtig, dass ein Bild wie eine Landschaft verstanden wird." Für den Betrachter bedeutet dies, dass auch er sich das Bild wie eine Landschaft erschließt, die er sich körperlich Schritt für Schritt aneignet. Es sind „imaginary

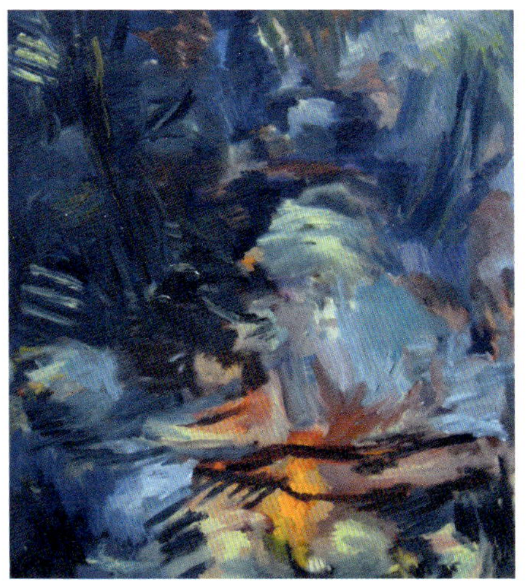

Salome

attention and make him susceptible to the subtle nuances. Even though nature itself is sometimes wild, sometimes gentle, and fascinates us because of its enigmatically tragic being, it becomes evident that Gerngroß' focus is on formal aspects. In this, colour plays a key role. It is the primary element, it is tangible, the great leader. In the 19th century, Gerngroß would have been characterized as a 'colourist'. His use of colour is lusty and haptic, shaped by a zest for life. The flow of the brush plays a major role; it varies from gauzy and light in all nuances to vigorously challenging.

The shapes and planes of colour develop their own dynamic, reaching into the viewer's space from two-dimensionality, but also able to draw back into the picture's space. By letting the canvas show through in some places, Gerngroß opens up the space, allows for expansion and still demonstrates what the basis of the picture before our eyes is: colour on canvas, an experience of seeing.

By using aluminium foil as part of the support, Gerngroß opens up new potentials: expanding the picture space into the actual space. He shapes the foil like a three-dimensional matter – on whose surface light and shadow play, claiming their place. Initially, the first works he created were influenced by landscape, like "Overview" or "Flächen und Stäbe". Colour was still foremost, but also composition following nature. Lately Gerngroß leaves the object behind, as heralded in the series of monotypes, which he has repeatedly turned to since 2007.

places", Landschaften, die der Fantasie entsprungen sind und die ihre reale Umsetzung durch Pinsel und Farbe erfahren. Ein sehr schönes Beispiel dafür ist „Salome", nach einem Besuch in der Oper entstanden – eine abstrakte Szenerie, die Assoziationen an eine Landschaft evoziert, die im scheinbaren Widerspruch zu der kräftigen, dunklen Farbgebung steht. Diese lässt den Betrachter durch ihre Radikalität und raue Erscheinung aufmerksam werden und empfindsam für die leisen Zwischentöne. Auch wenn Natur manchmal wild, mal sanft ist und durch ihre rätselhaft-tragische Beschaffenheit fasziniert, so wird evident, dass es Gerngroß um die Auseinandersetzung mit formalen Aspekten geht. Dabei nimmt die Farbe eine Schlüsselrolle ein. Sie ist wichtigstes Element, sie ist greifbar, sie ist die große Anführerin. Im 19. Jahrhundert hätte man Gerngroß als „Koloristen" bezeichnet. Lustvoll und haptisch, geprägt von Sinnesfreude ist sein Umgang mit Farbe. Der Pinselduktus spielt dabei eine große Rolle: Er variiert von duftig-leicht in allen Nuancen bis hin zu kräftig – fordernd. Die Farbformen und -flächen entwickeln eine Dynamik, die aus der Zweidimensionalität in den Betrachterraum wirkt, aber auch zurück in den Bildraum weichen kann. Indem Michael Gerngroß an manchen Stellen die Leinwand durchscheinen lässt, öffnet er den Raum, lässt Weite zu und zeigt dennoch auf, was die Grundlage des Bildes vor unseren Augen ist: Farbe auf Leinwand, eine Seherfahrung.

Der Einsatz von Aluminiumfolie als Teil des Bildgrundes eröffnet Gerngroß neue Möglichkeiten: die Erweiterung des Bildraumes in den realen Raum. Er formt die Folie wie einen plastischen Körper – auf dessen Oberfläche sich Licht und Schatten bilden, die ihren Platz einfordern. Zunächst sind die ersten Werke, die entstehen, noch geprägt von der Land-

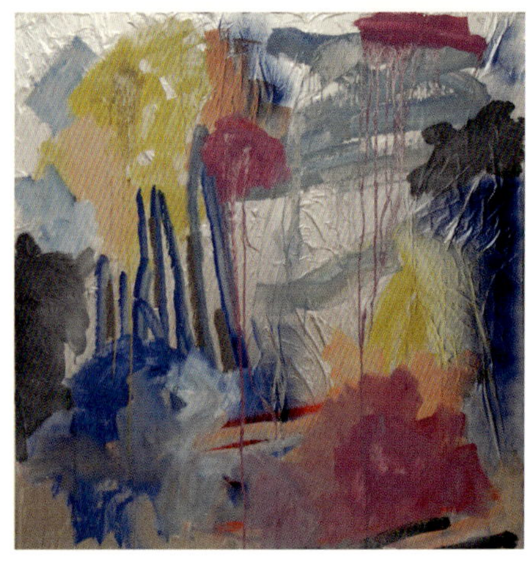

Flächen und Stäbe

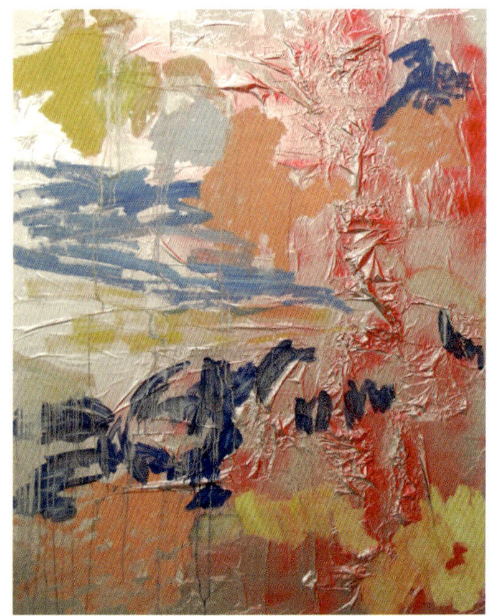

Overview

Gerngroß states that his environment still has a great influence on his works, without them becoming narrative. In fact he deals with basic human experiences and existential basics like experiencing antipodes such as warm and cold, light and shadow, proximity and distance.

The monotypes which he creates, using a glass plate, act as a kind of visual sketchbook for Gerngroß. They enable him to quickly and immediately implement ideas and sentiments, to experiment with colours and shapes. The celerity of this technique in comparison to painting has a special charm, for the result is instantly visible and after the imprint, Gerngroß can continue working. The artist applies layer upon layer onto the plate, working freely. The

schaft wie „Overview" oder „Flächen und Stäbe". Im Vordergrund steht nach wie vor die Farbe, aber auch die an die Natur angelegte Komposition. Erst in neuerer Zeit tritt bei Gerngroß der Gegenstand ganz in den Hintergrund, was sich in dem Werkkomplex der Monotypien, denen er sich seit 2007 immer wieder zuwendet, angekündigt hat. Sein Umfeld nimmt, so Gerngroß, immer noch starken Einfluss auf seine Werke, ohne dass sie narrativ wären. Es geht ihm vielmehr um grundlegende menschliche Erfahrungen und um existenzielle Grundlagen wie das Erleben von Gegensätzen wie warm und kalt, Licht und Schatten, Nähe und Ferne.

Die Monotypien, die mithilfe einer Glasplatte entstehen, fungieren als eine Art visuelles Skizzenbuch für Gerngroß. Hier kann er rasch und unmittelbar Ideen und Stimmungen umsetzen, mit Farben und Formen experimentieren. Die Schnelligkeit der Technik im Gegensatz zur Malerei hat dabei einen besonderen Reiz, denn das Ergebnis ist sofort da und Gerngroß kann nach dem Abdruck die Arbeit weiterführen. Schicht für Schicht legt der Künstler die Farbe auf die Platte, in sehr freiem Umgang. Die Farbe läuft, wird gesprüht, gekratzt, variiert im Auftrag von dünn lasierend bis zum dichten Farbelement. Ruhiges Braun in einem durchgehenden Pinselstrich steht neben nervös gekritzeltem, lichtem Gelb, zusammengehalten durch ein verbindendes Mittelblau, das geometrische Formen annimmt, um dann wieder als Pinselstrich die ganze Bildfläche einzunehmen. Manchmal scheint die Farbe regelrecht auf dem Papier zu explodieren, bevor sie sich wieder in diffuse Farbschwaden zurückzieht. Sie ruft Assoziationen zu menschlichen Emotionen hervor. Ein Gefühlsausbruch, heftig, ungestüm, der langsam wieder abklingt.

colour runs, is sprayed on, scratched, the application varies from thin glazing to a compact colour element. The tranquil brown of a continuous brushstroke and nervously scribbled light yellow are held together by a connecting medium blue taking on geometric shapes and then taking in the whole picture plane in the form of a brushstroke. Sometimes the colour seems to virtually explode on the paper, before drawing back into diffuse vapours. It evokes associations of human emotions. An emotional release, tempestuous, stormy, slowly subsiding.

This experience leads Gerngroß to the new "Spurenbilder" (trace paintings). A rest of spray paint is left on the canvas, confronting the viewer with an artistic process lying in the past, from which only traces remain visible. The viewer involuntarily thinks of the artist, his actions and the evidence thereof. The works subtly reflect works by fellow artists, run through his 'filter', as Gerngroß puts it. Simultaneously they free themselves of a subject, turn into an adventure. They challenge the viewer to get involved. As Gerngroß describes it: 'painting is an eternal to and fro between the artist and the picture. Sometimes it's an endless dispute, sometimes a harmonious togetherness.'

Diese Erfahrung führt Gerngroß zu den neuen „Spurenbildern". Sprühreste stehen auf der Leinwand, konfrontieren den Betrachter mit einem künstlerischen Vorgang, der zeitlich in der Vergangenheit liegt und von dem nur noch die Spuren zu sehen sind. Unwillkürlich denkt der Betrachter an den Künstler, sein Tun und das, was noch davon zeugt. Die Werke reflektieren auf subtile Weise die Arbeiten von Künstlerkollegen, laufen durch seinen „Filter", wie Gerngroß sagt. Gleichzeitig befreien sie sich vom Gegenstand, werden zum Erlebnis. Für den Betrachter sind sie eine große Herausforderung, sich einzulassen auf das, was Gerngroß mit den Worten beschreibt: „Das Malen ist eben ein ewiges Hin und Her zwischen Maler und Bild. Manchmal ein endloser Streit, manchmal ein harmonisches Miteinander."

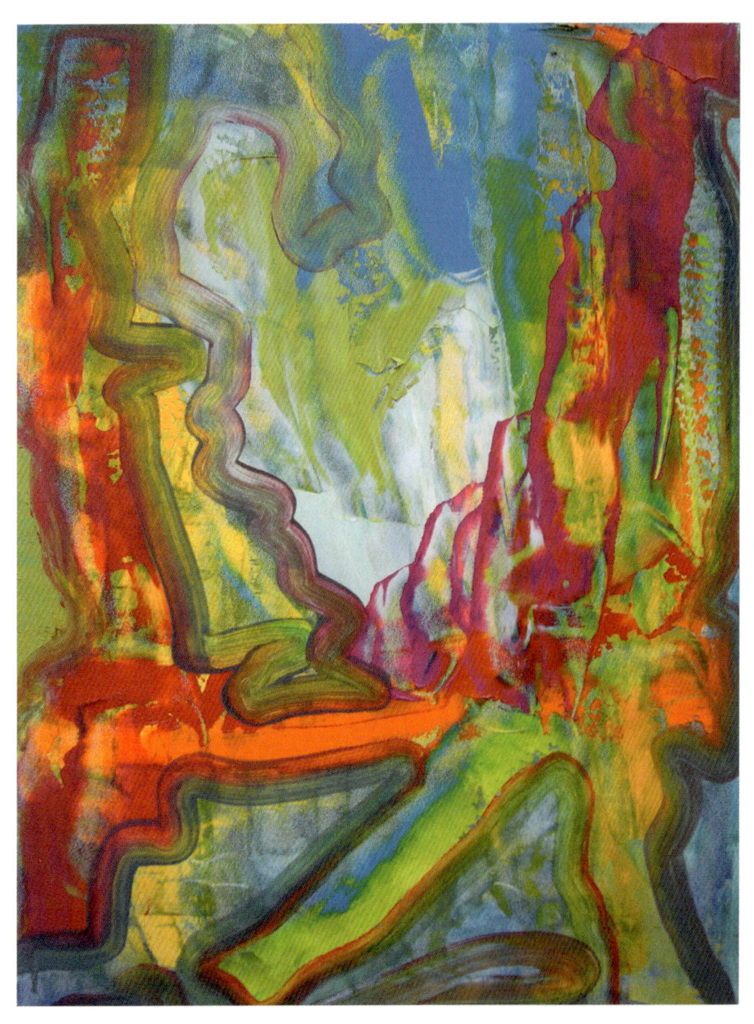

Dezember 5 II, 2007

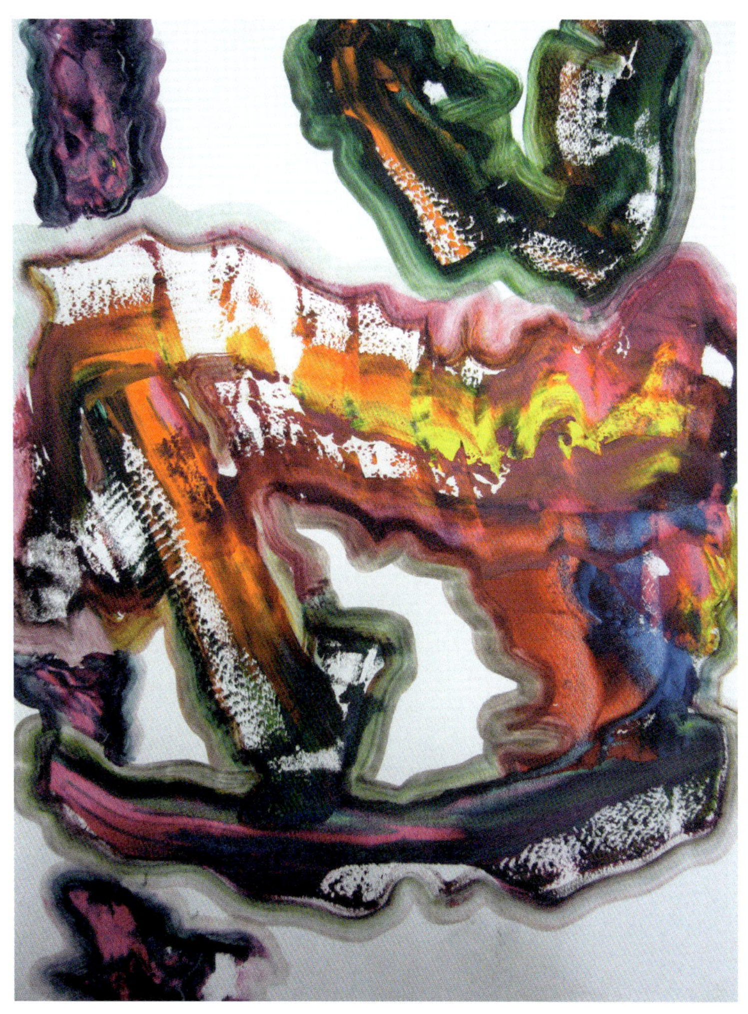

Dezember 3 I, 2007

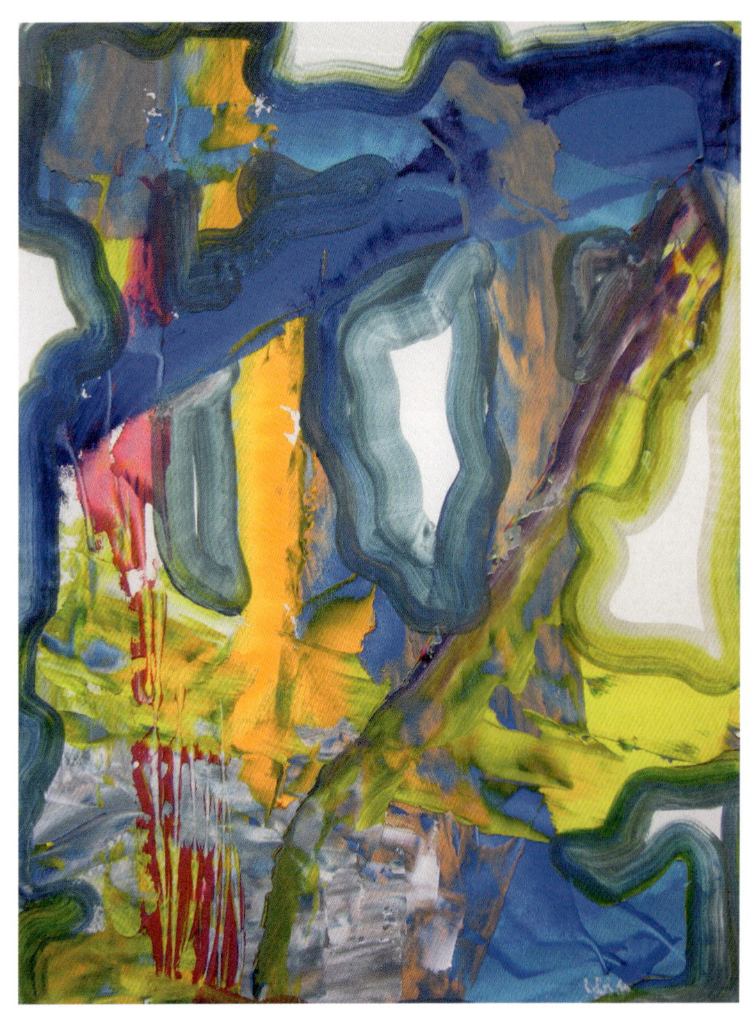

Dezember 5 III, 2007

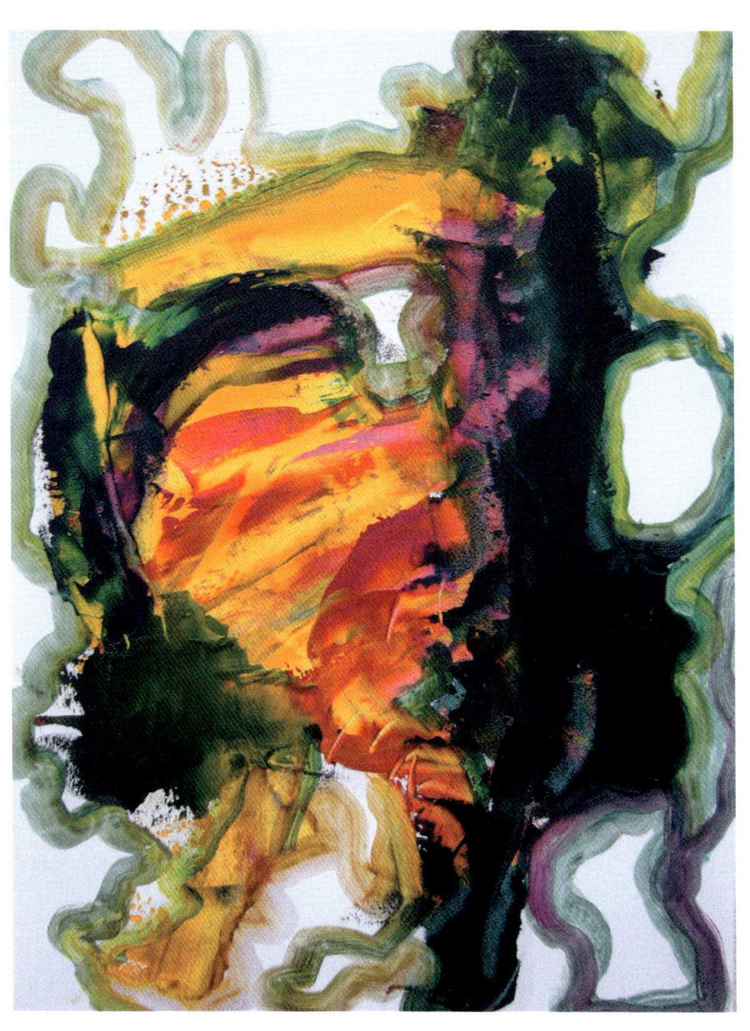

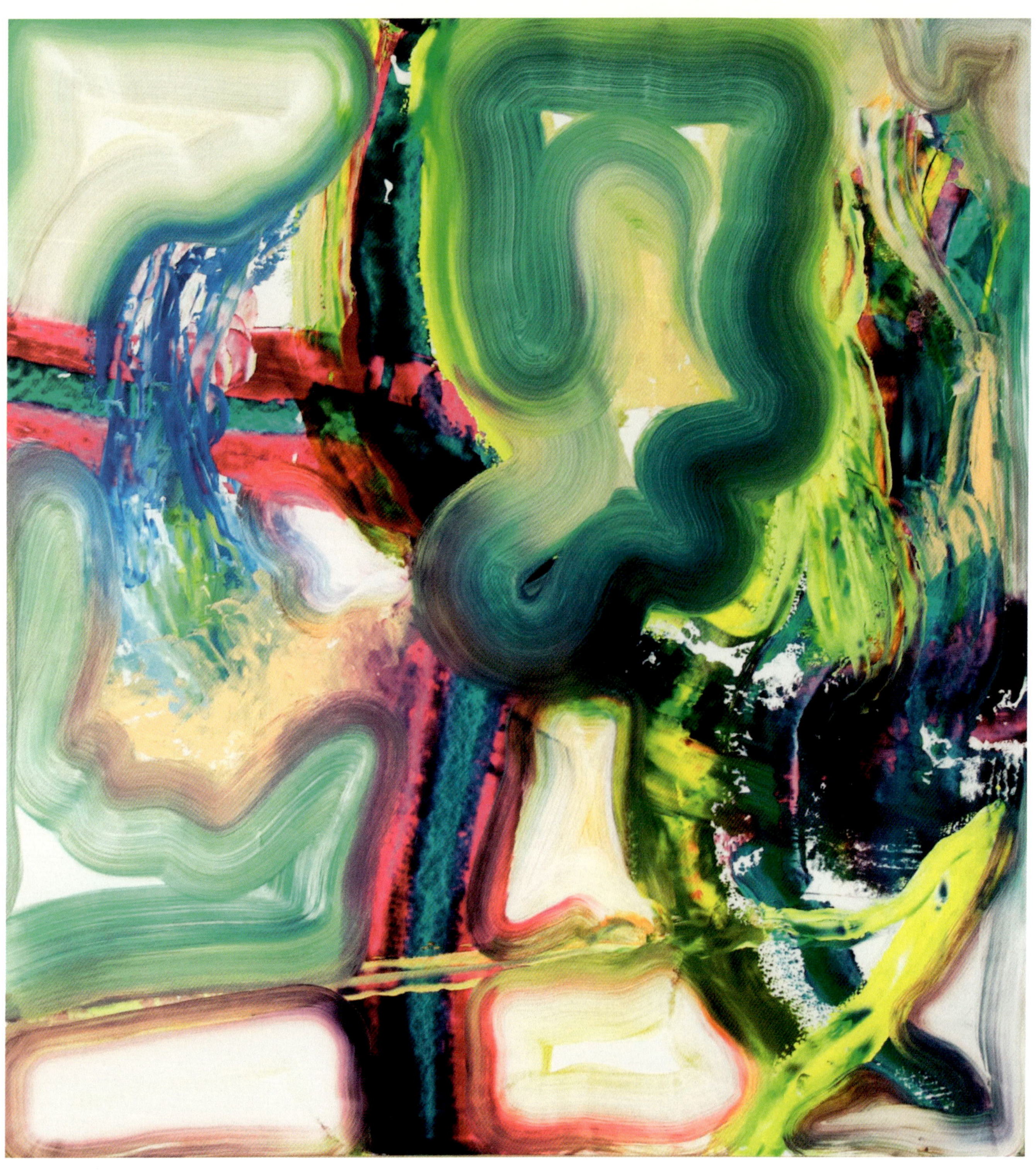

Farbraum, 2008

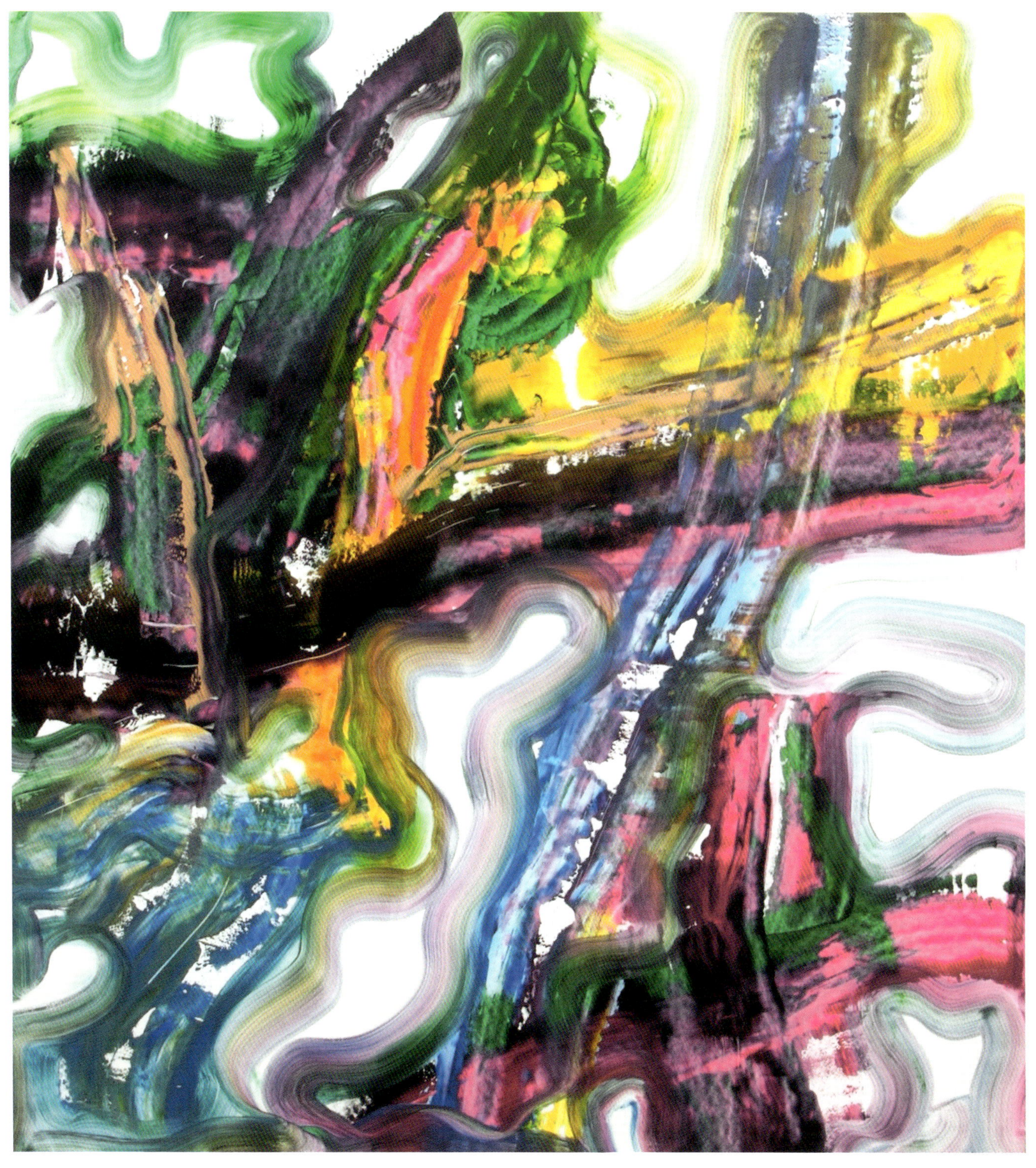

Februar 2, 2008

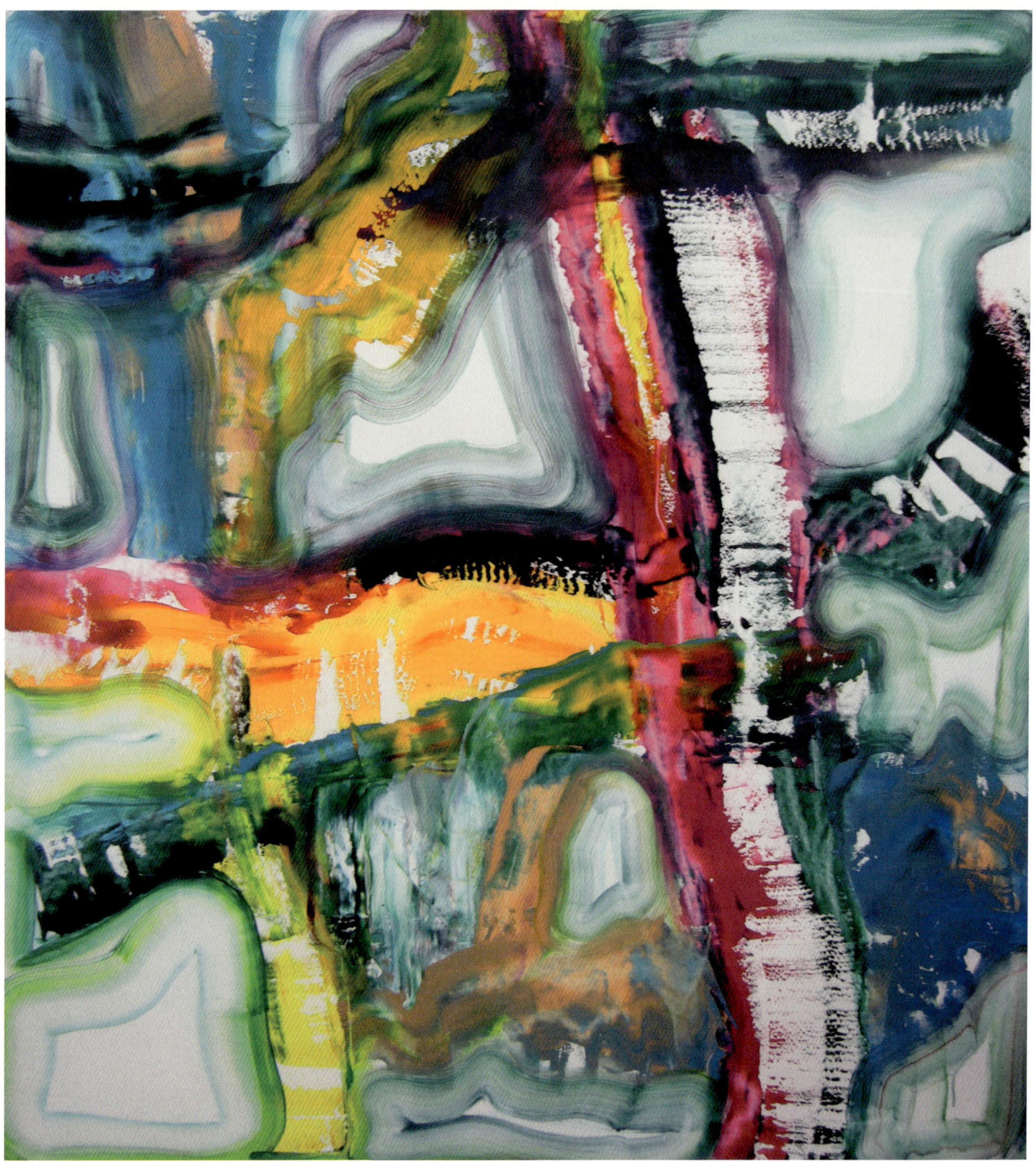

N.Y., 2008

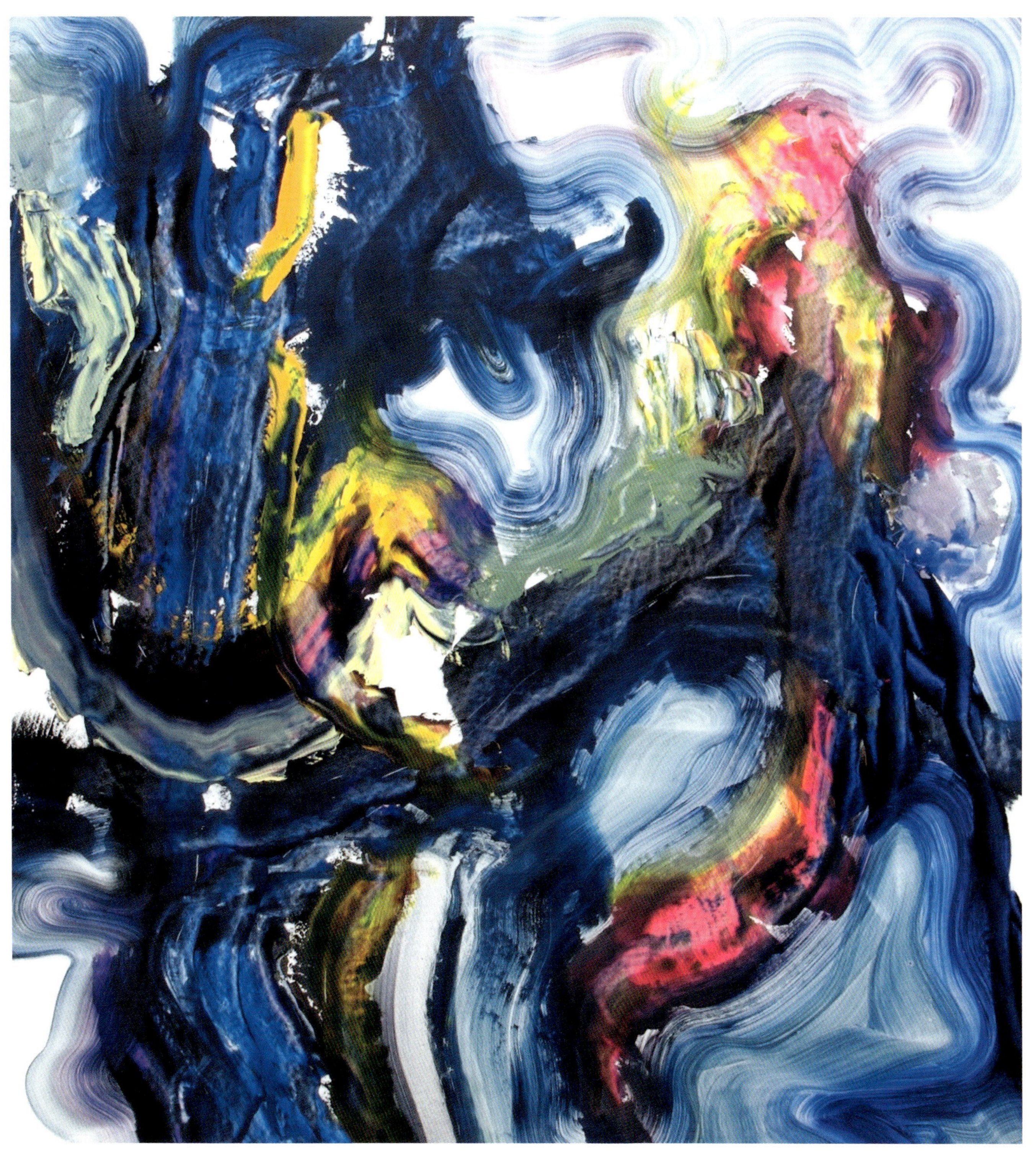

Februar 17, 2008

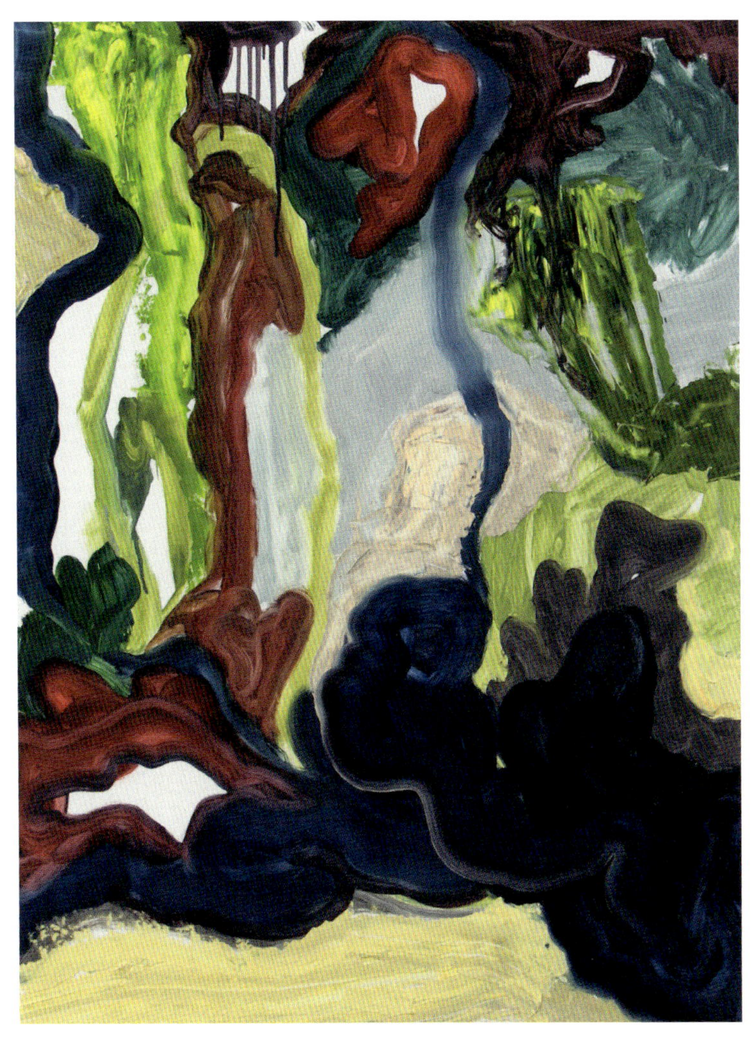

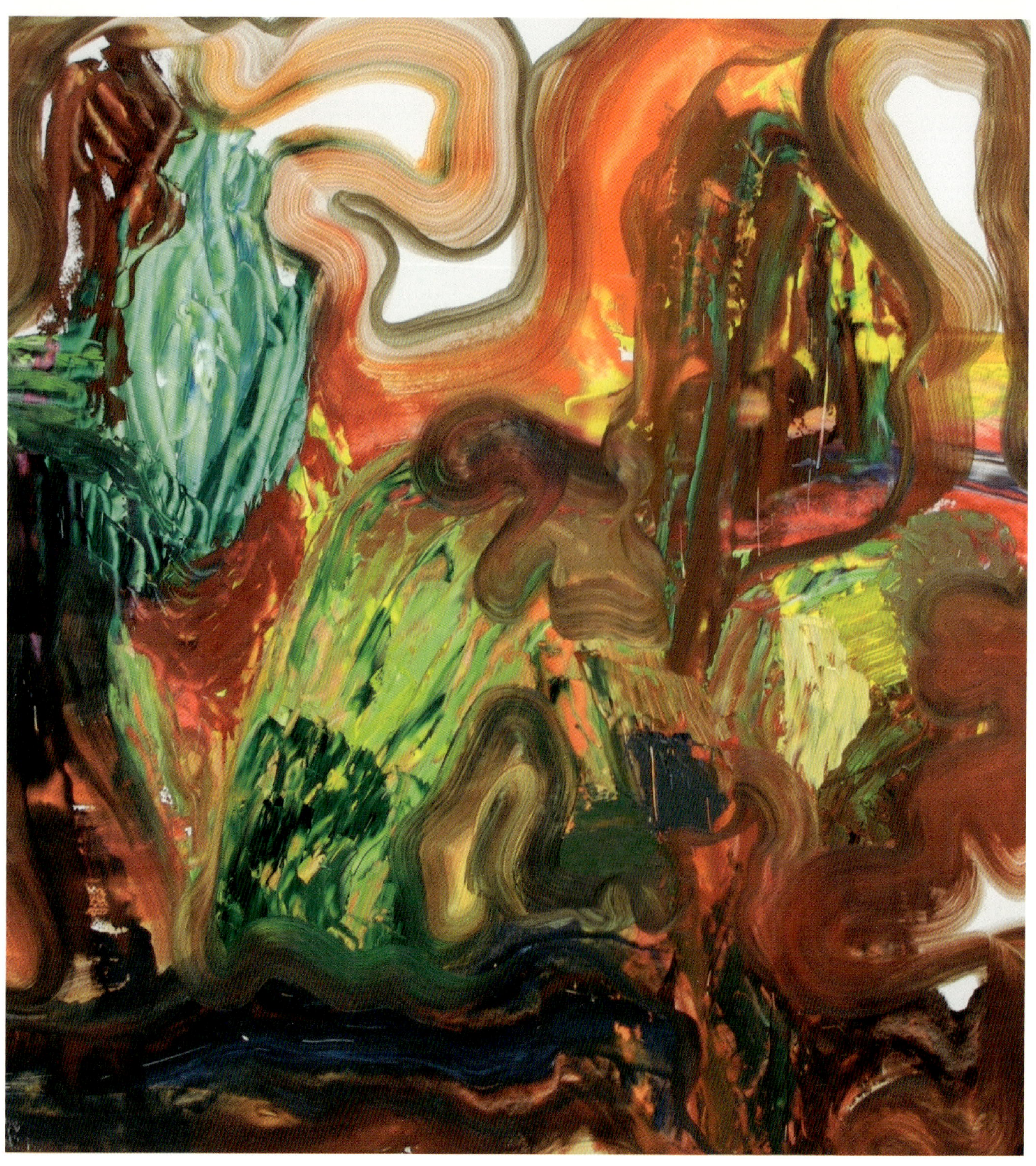

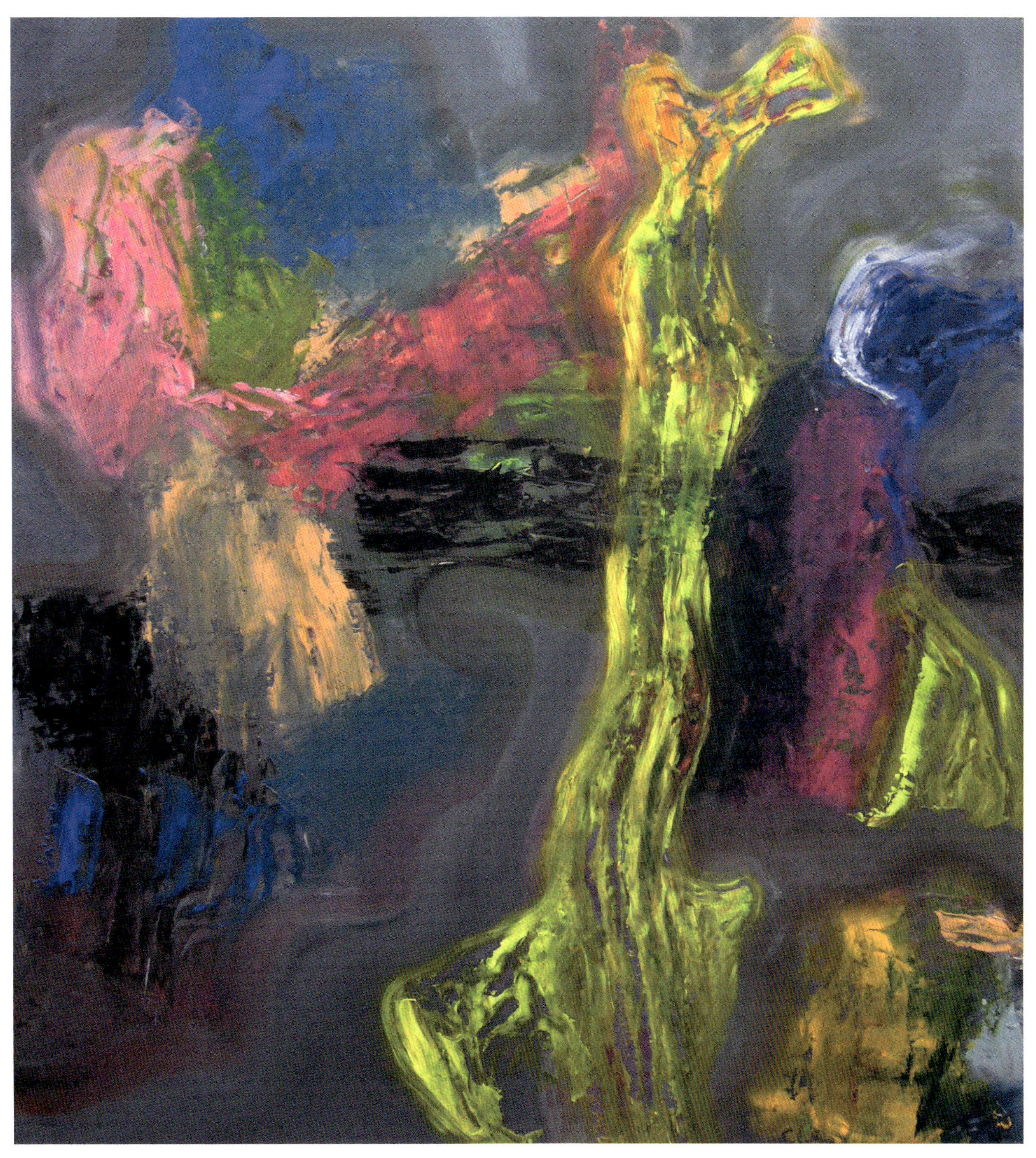

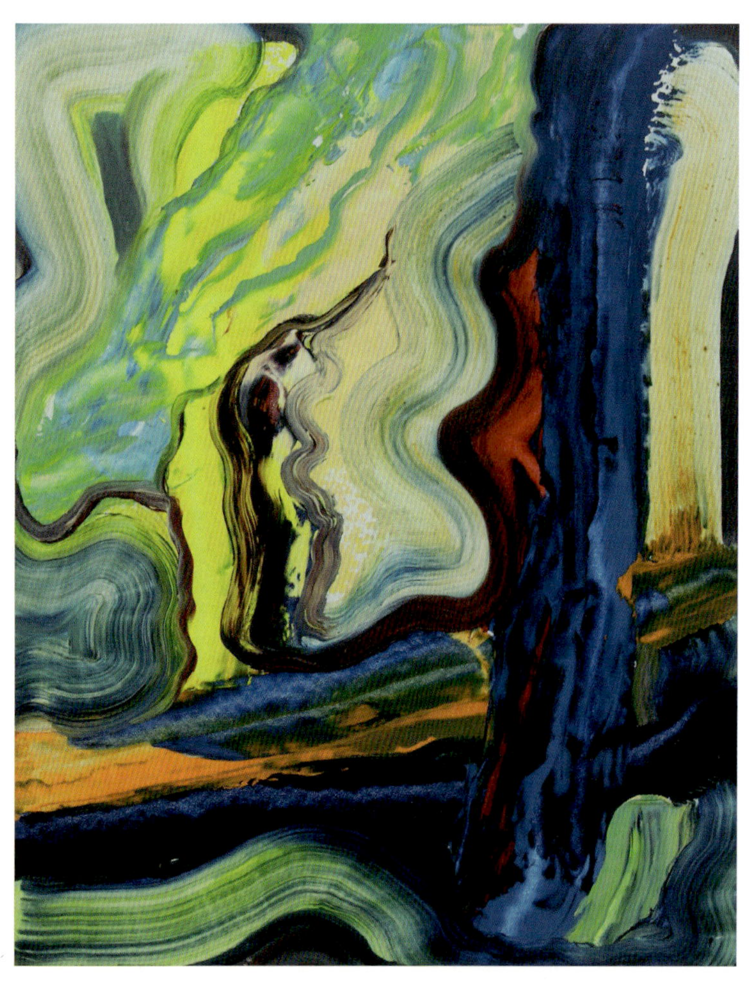

Urgewalt, 2008

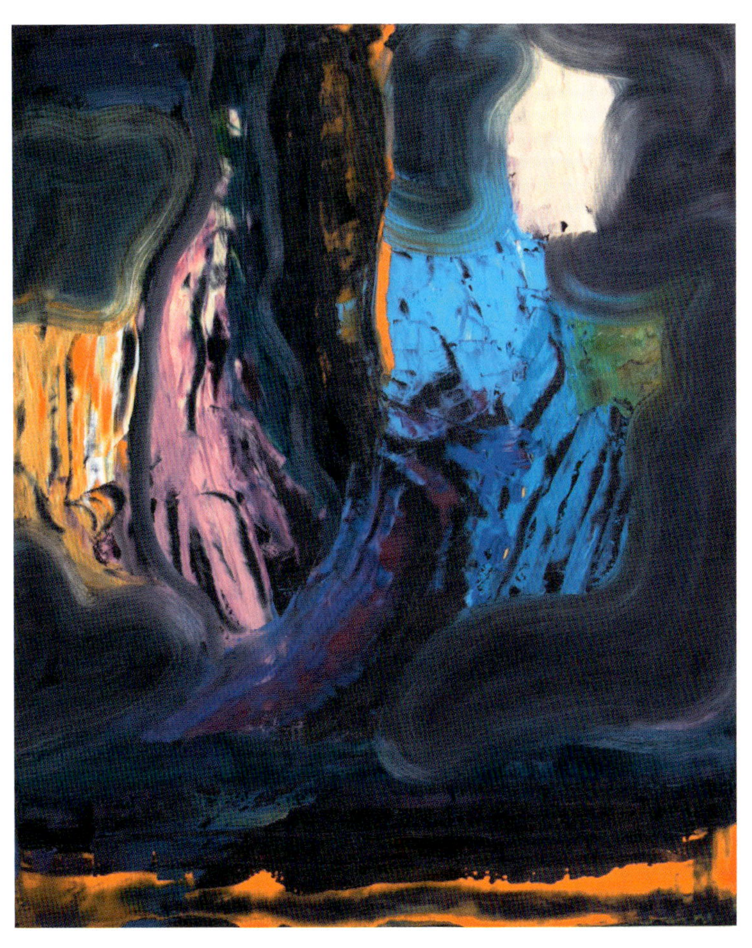

Rückblicke, 2008

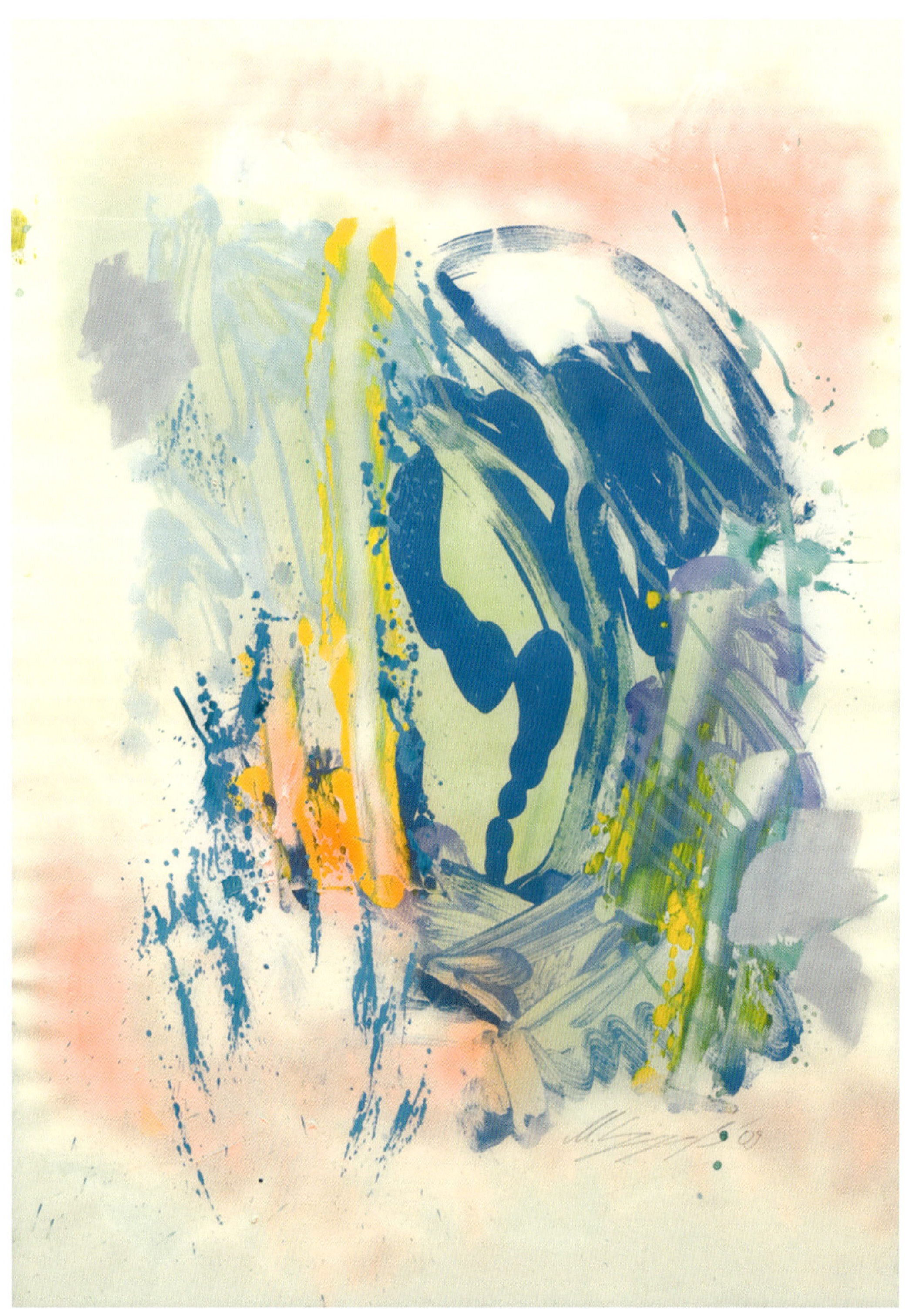

Monotypie 0002, 2009

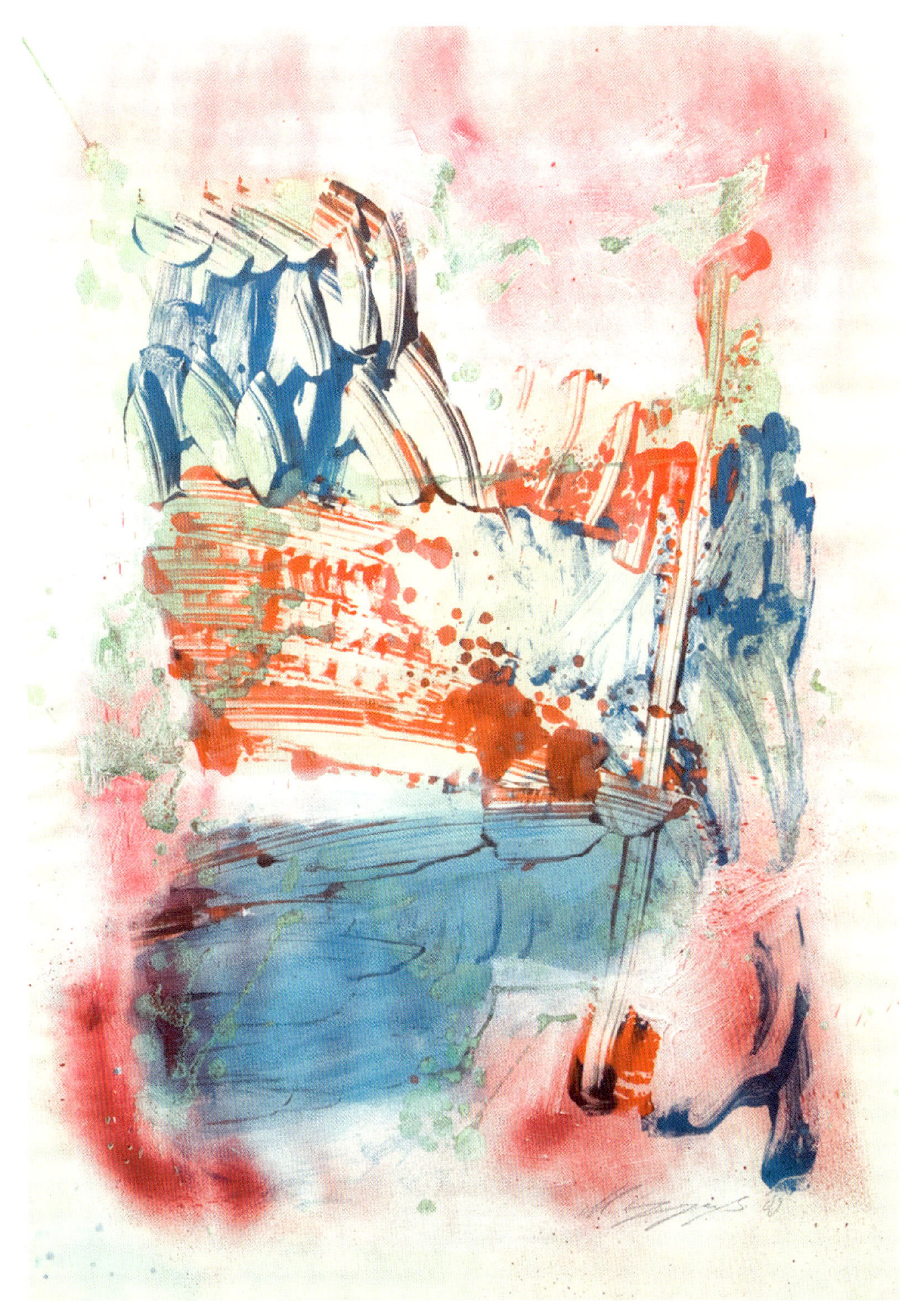

Monotypie 0005, 2009

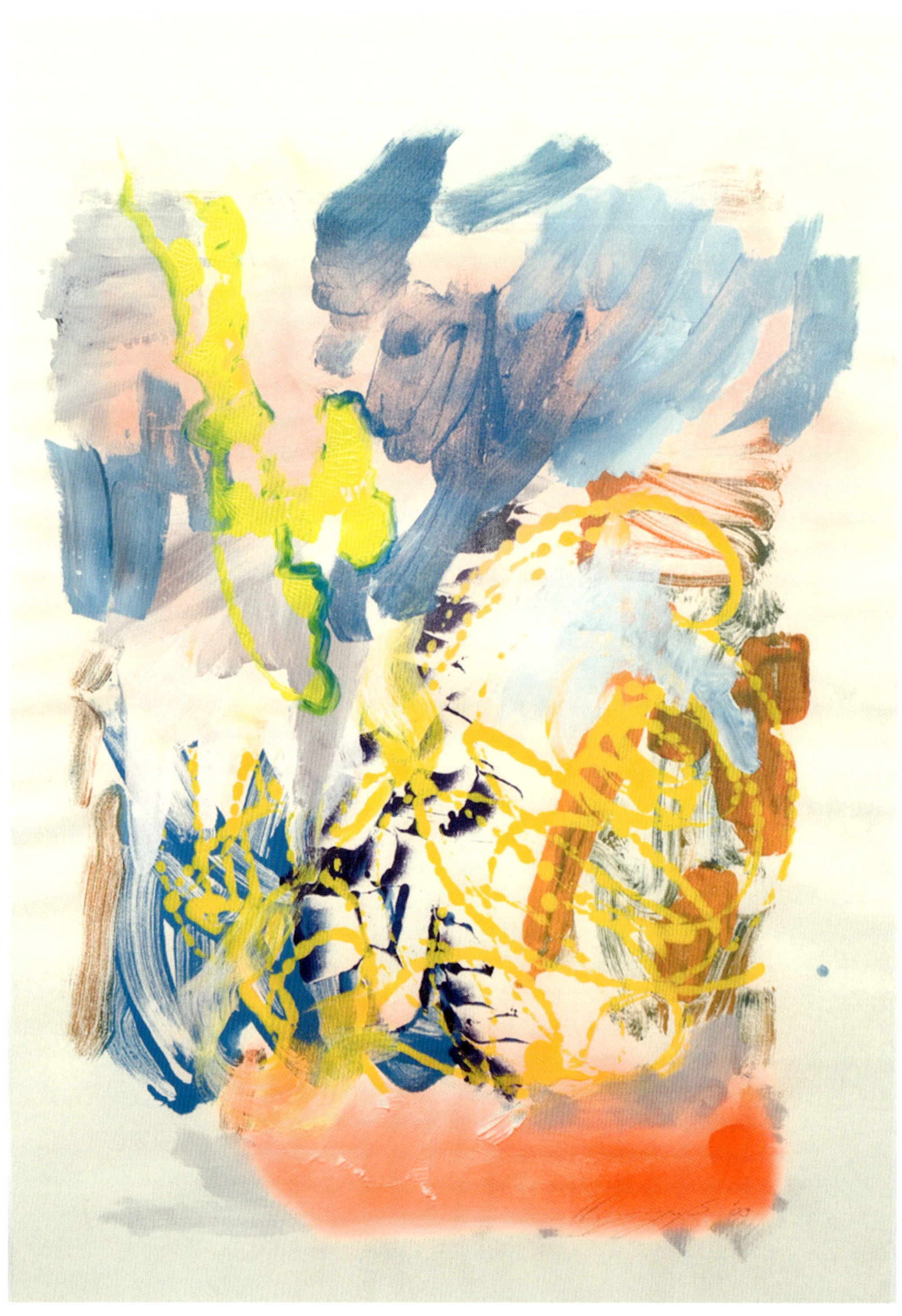

Monotypie 0006, 2009

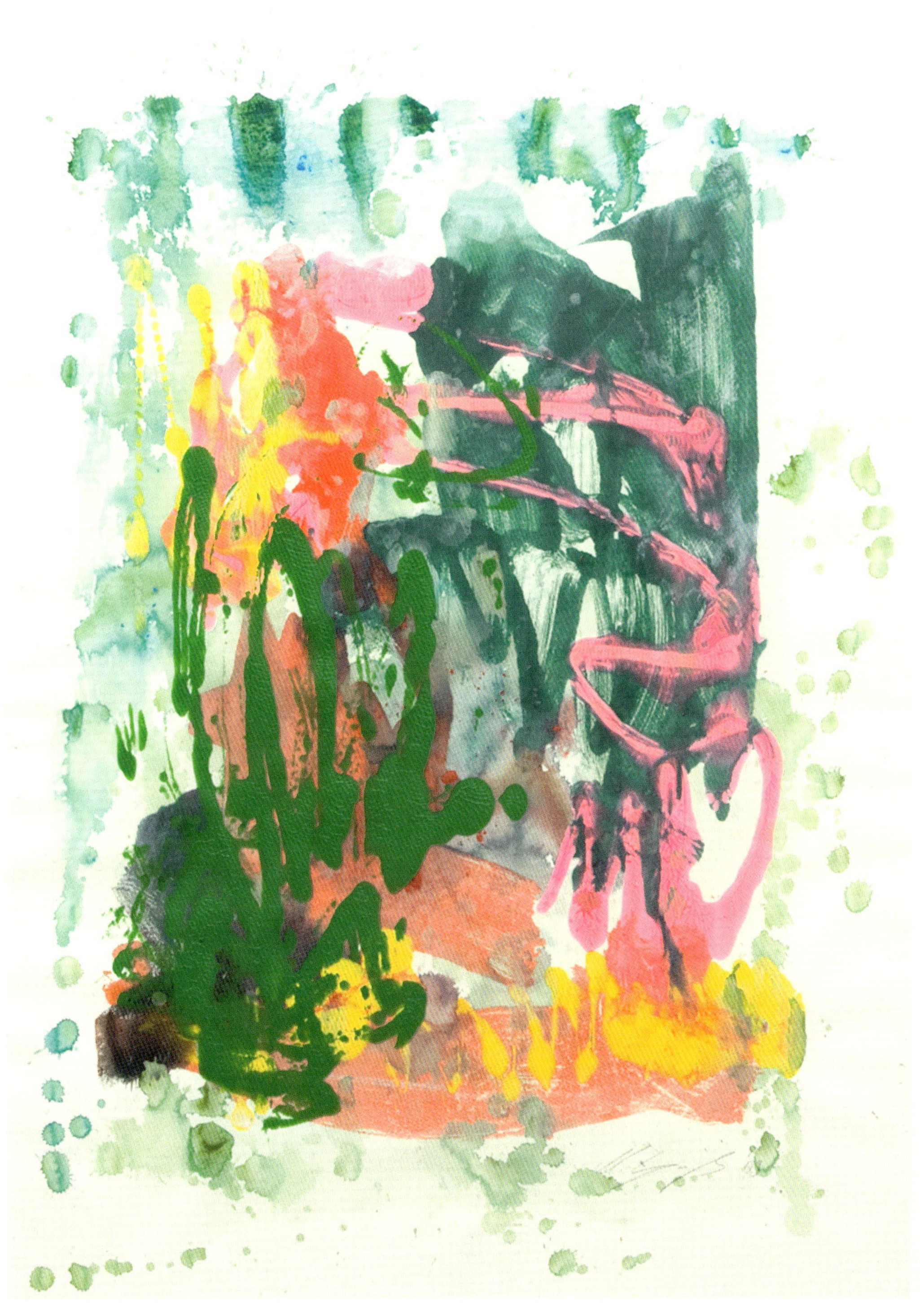

33

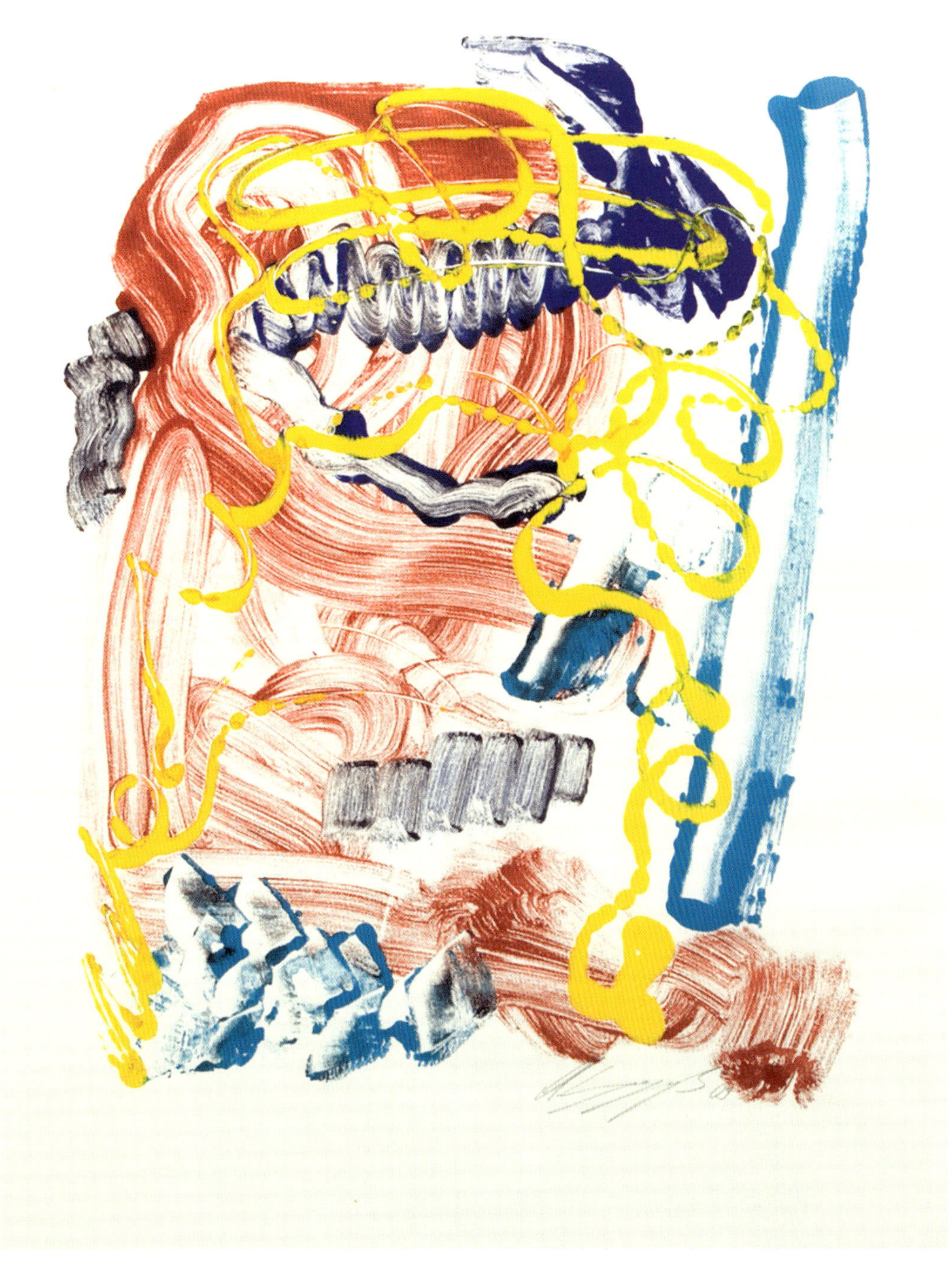

Monotypie 0011, 2009

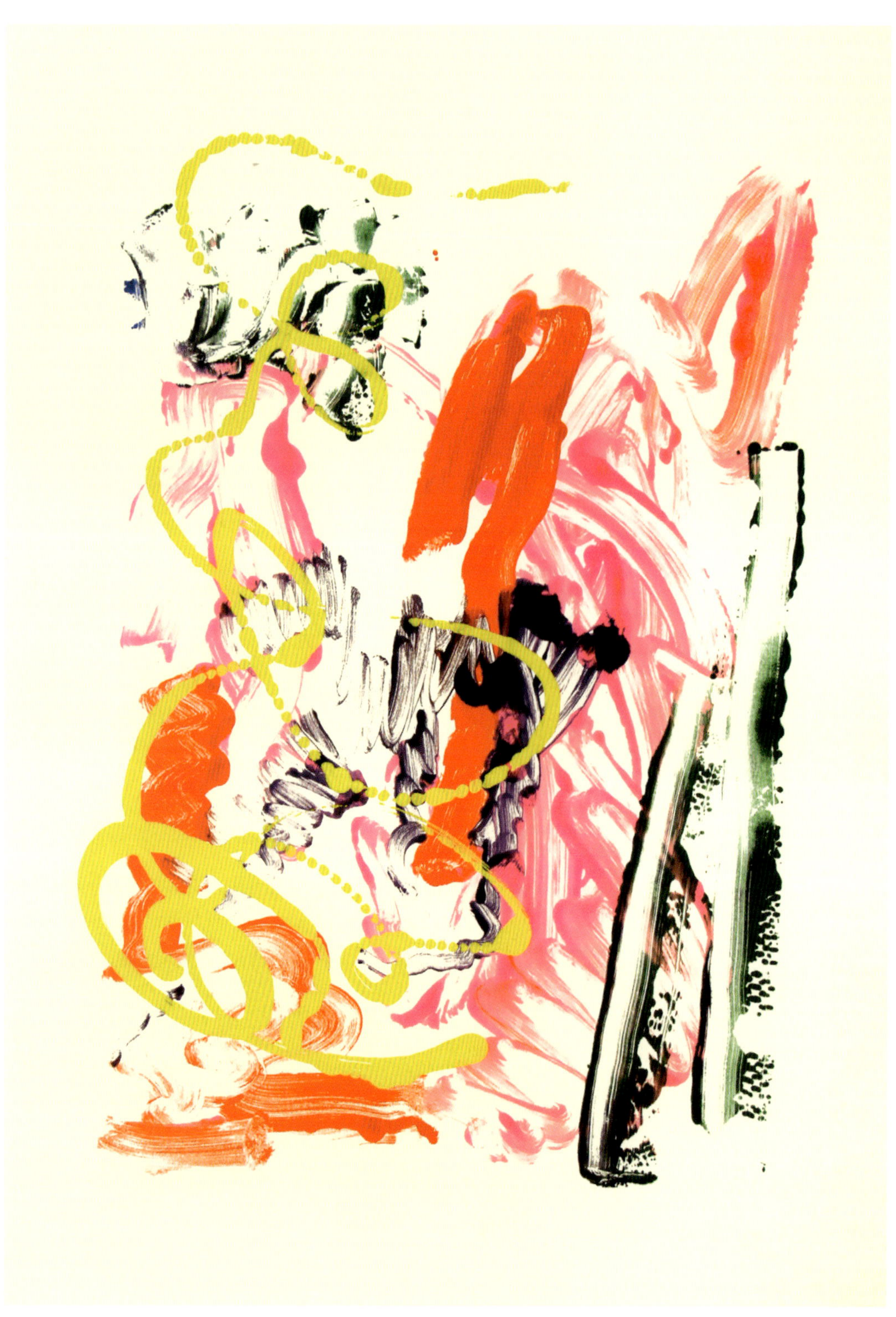

Monotypie 0013, 2009

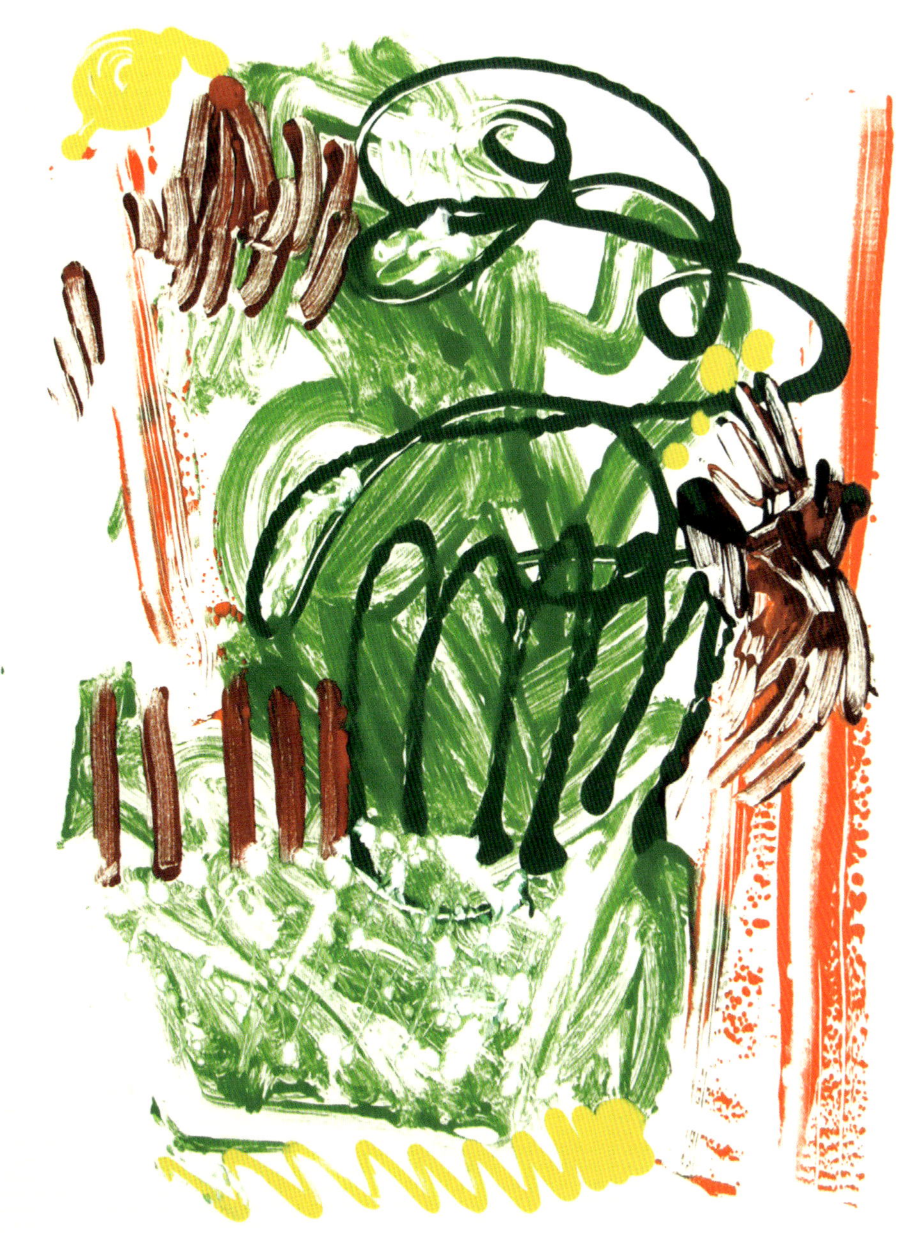

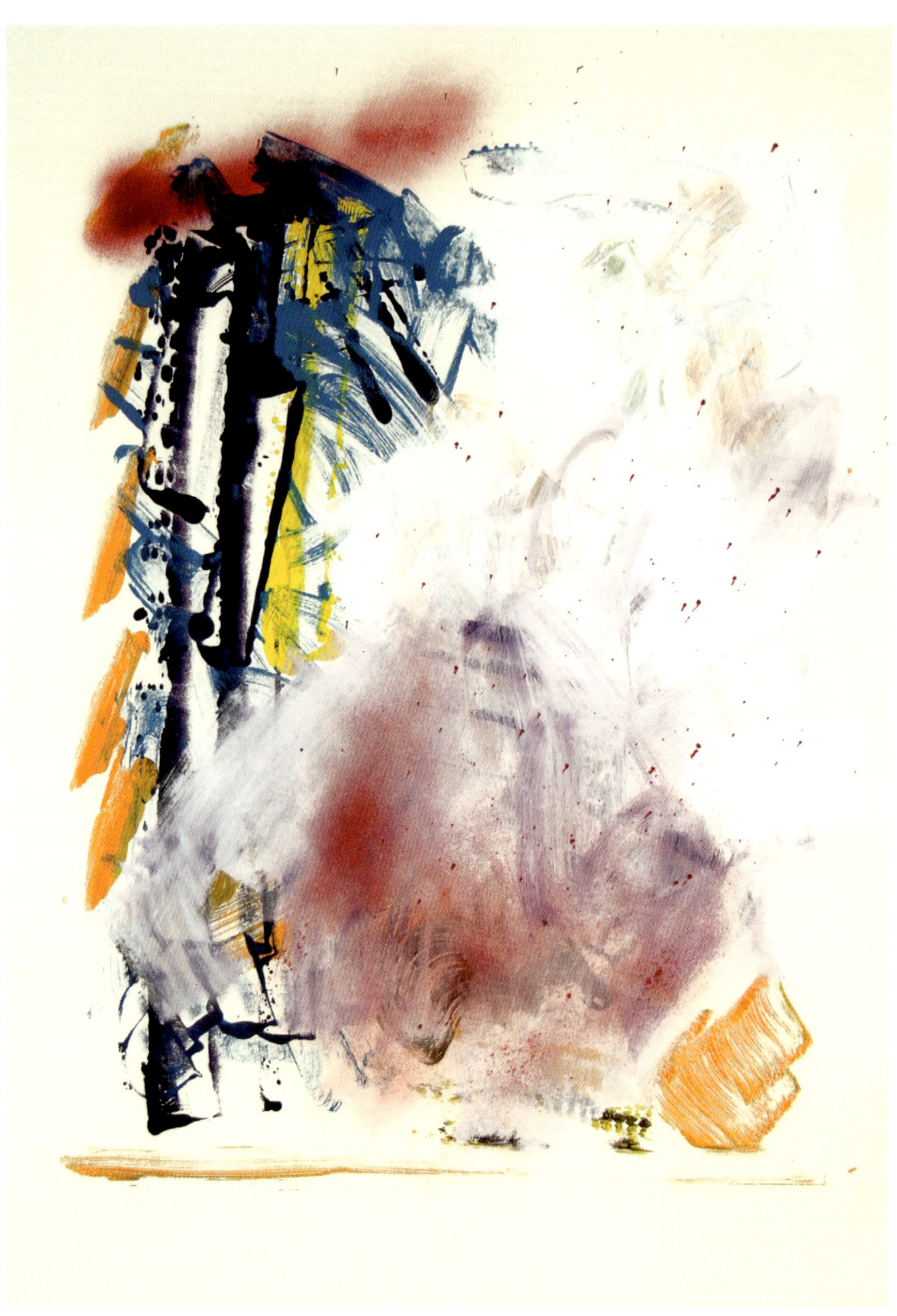

Monotypie 0015, 2009

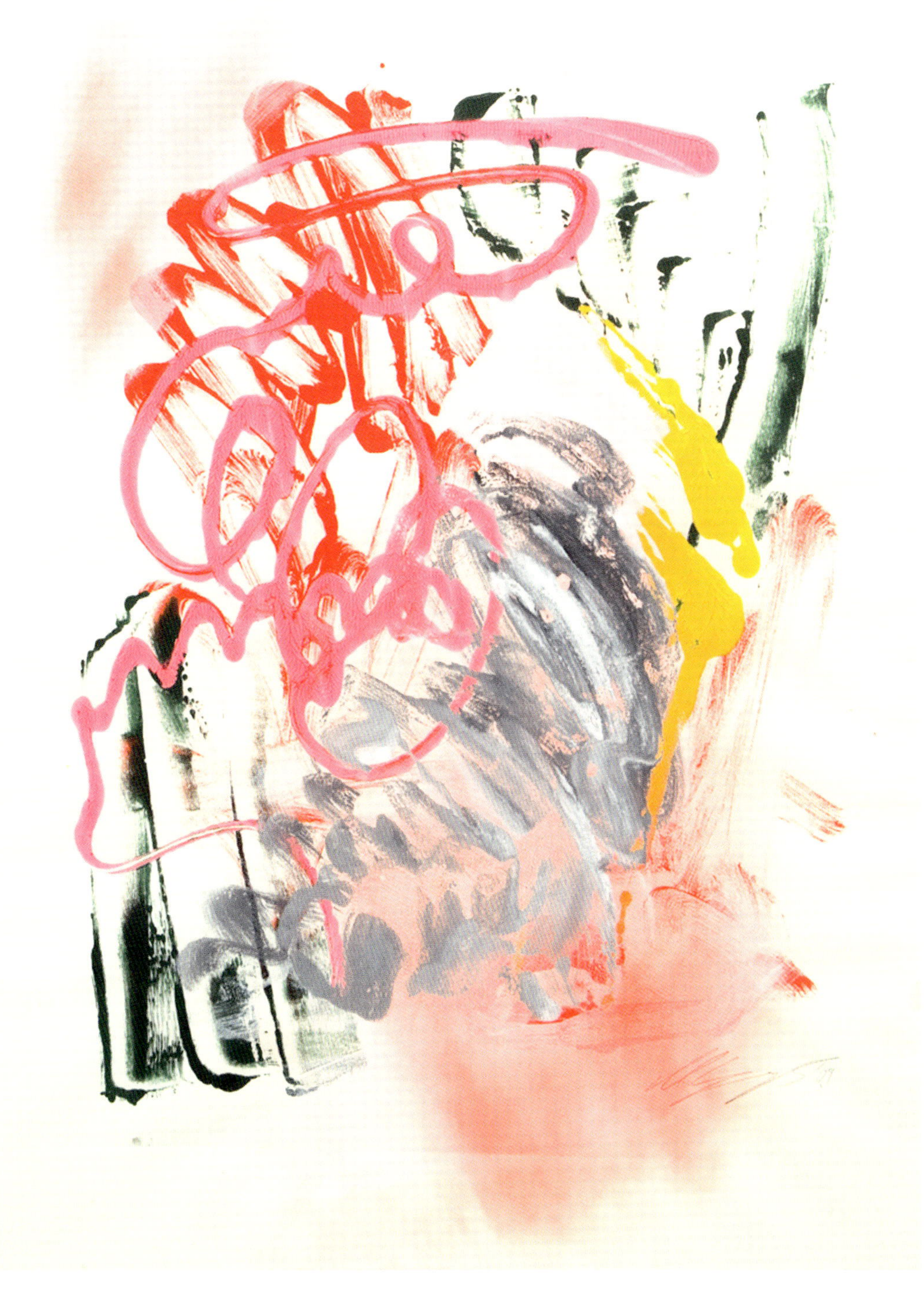

Monotypie 0016, 2009

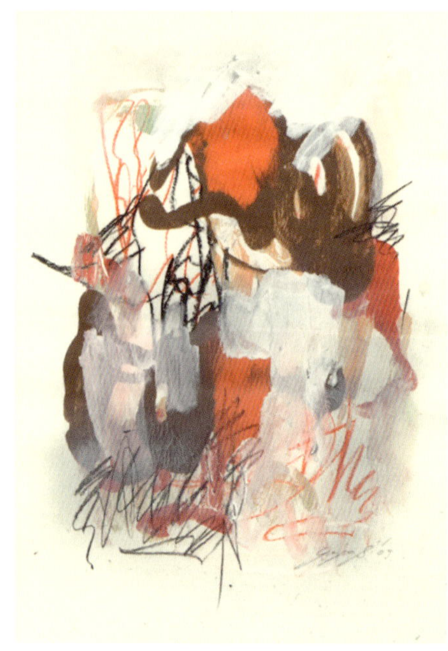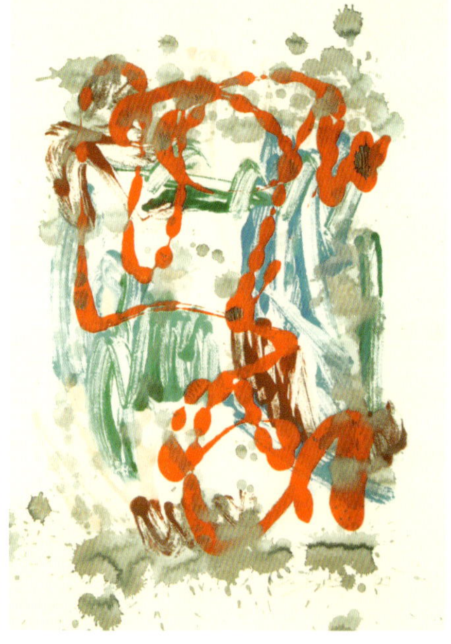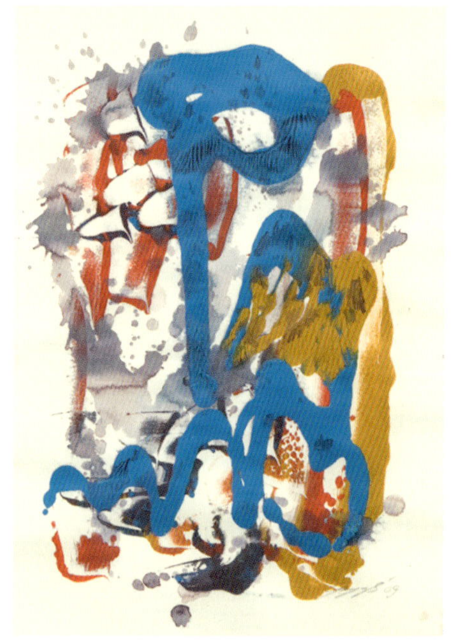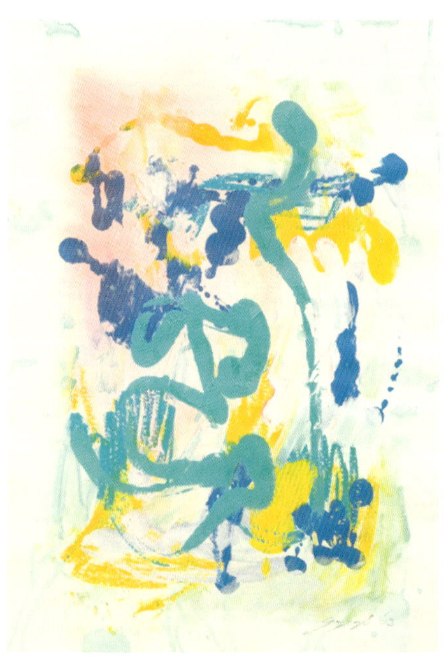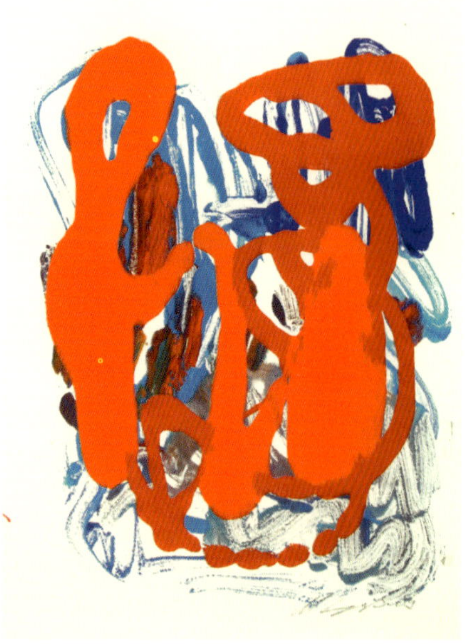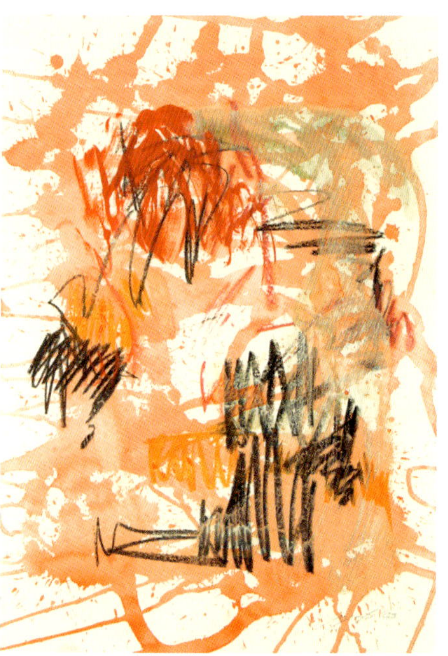

Überlagerung Rot Braun, 2009
Spannungsfeld Rot Grün Blau, 2009
Große Figur, 2009
Leuchtfeuer, 2009
Gegenüber, 2009
Netzwerk Rot Orange, 2009

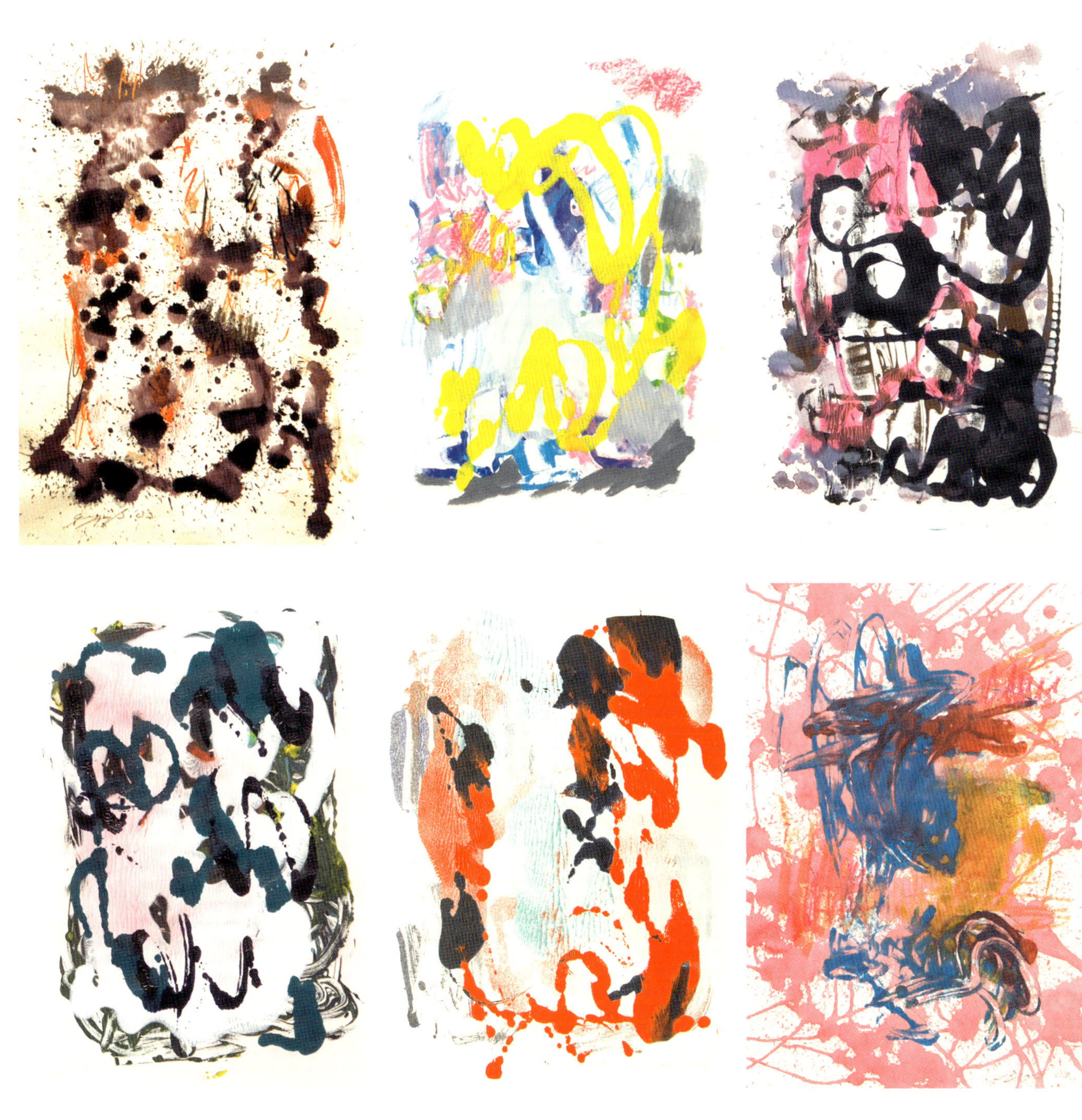

Sanfte Entladung, 2009
Überlagerung Gelb, 2009
Skulpturale Form, 2009
Zentralsystem, 2009
Nach Vorne, 2009
Objektspiegelung, 2009

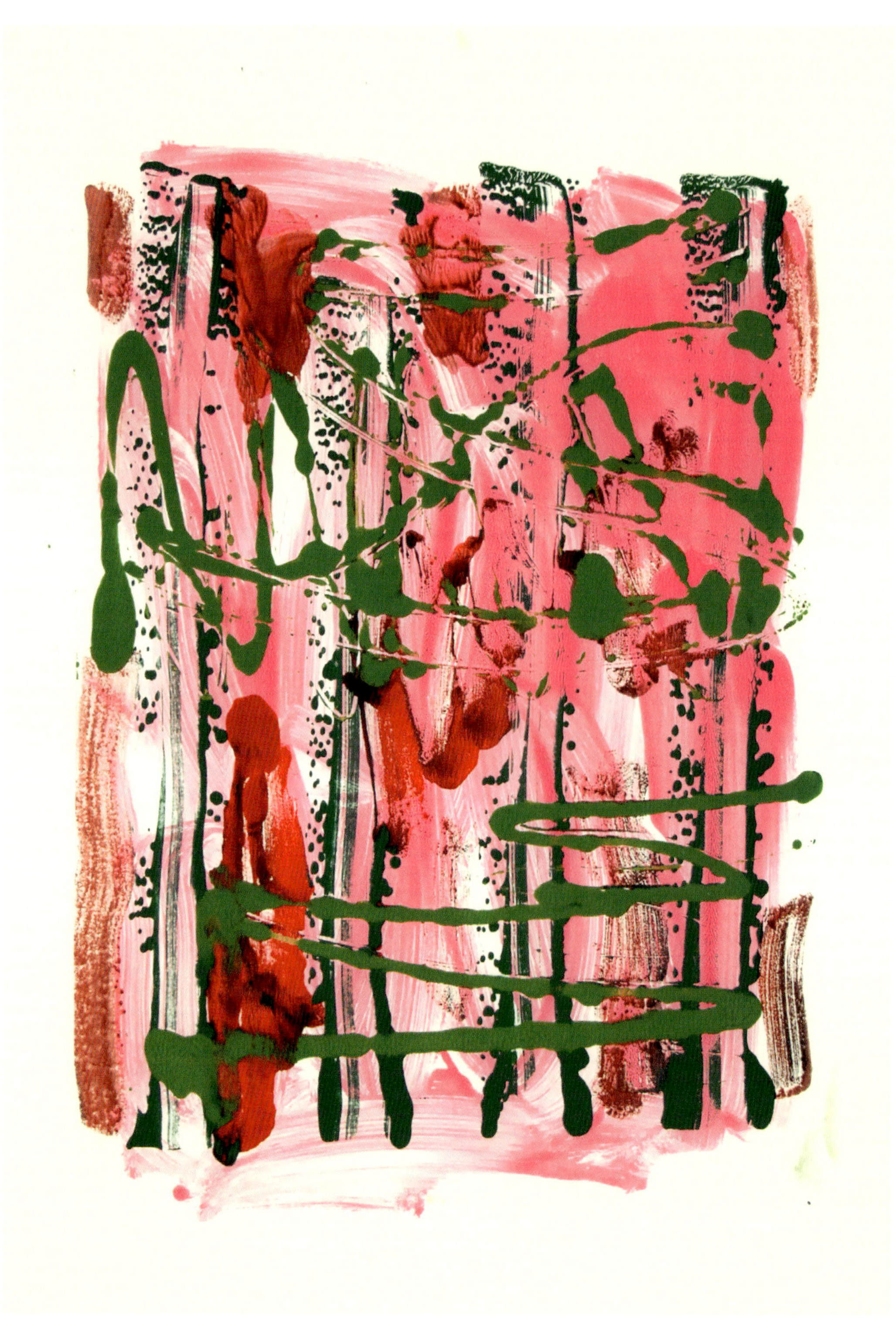

Monotypie 0018, 2009

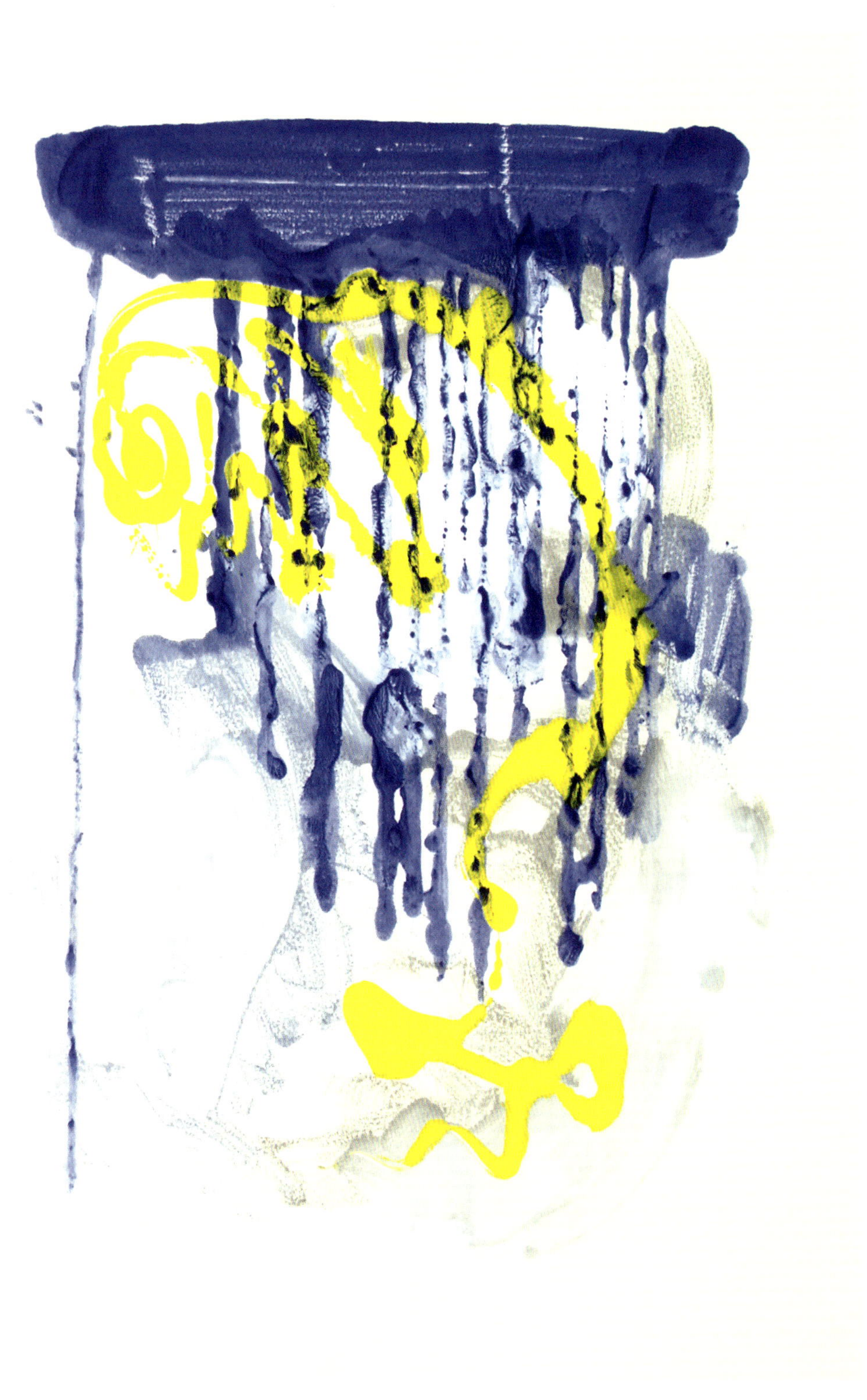

Monotypie 0019, 2009

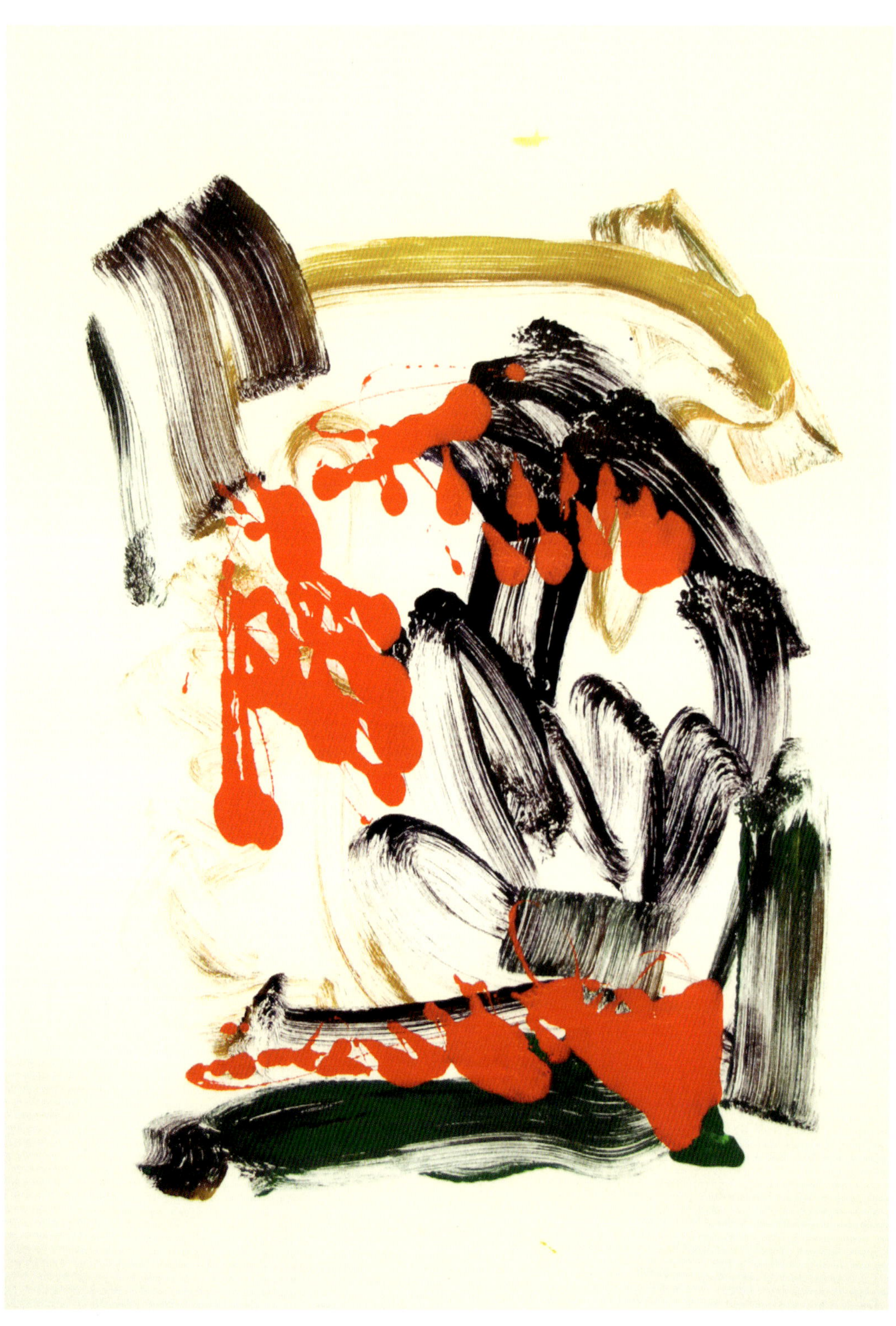

Monotypie 0020, 2009

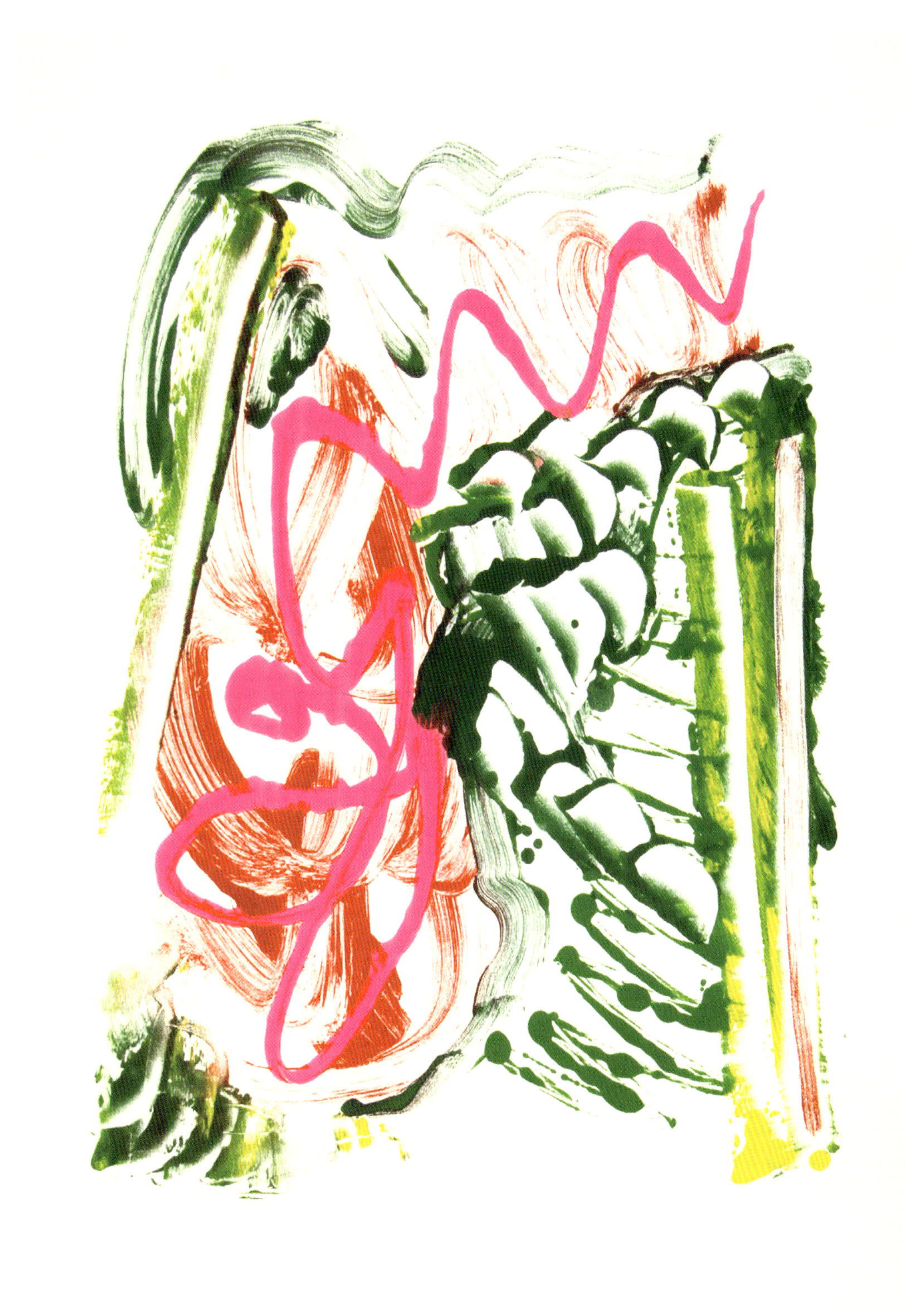

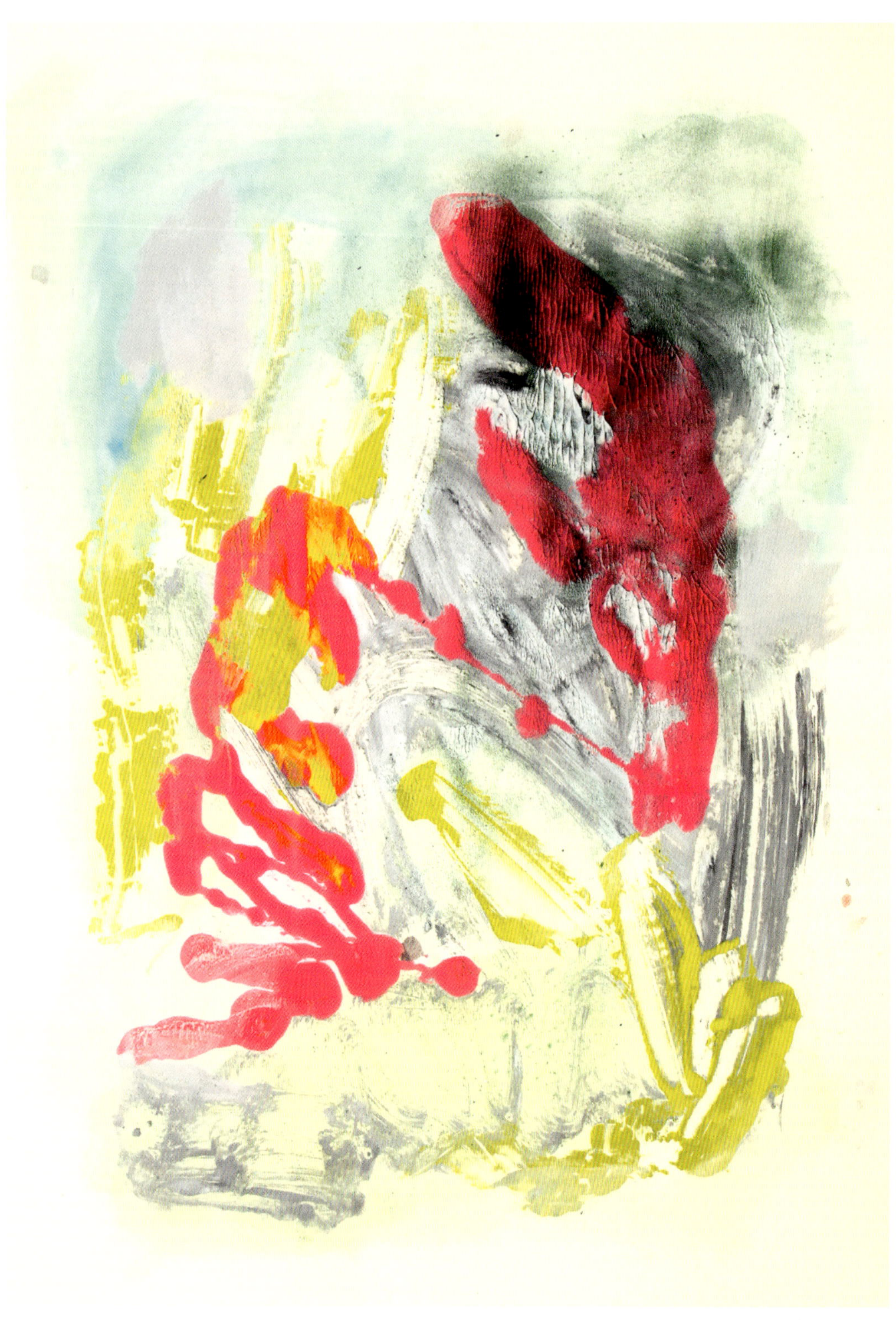

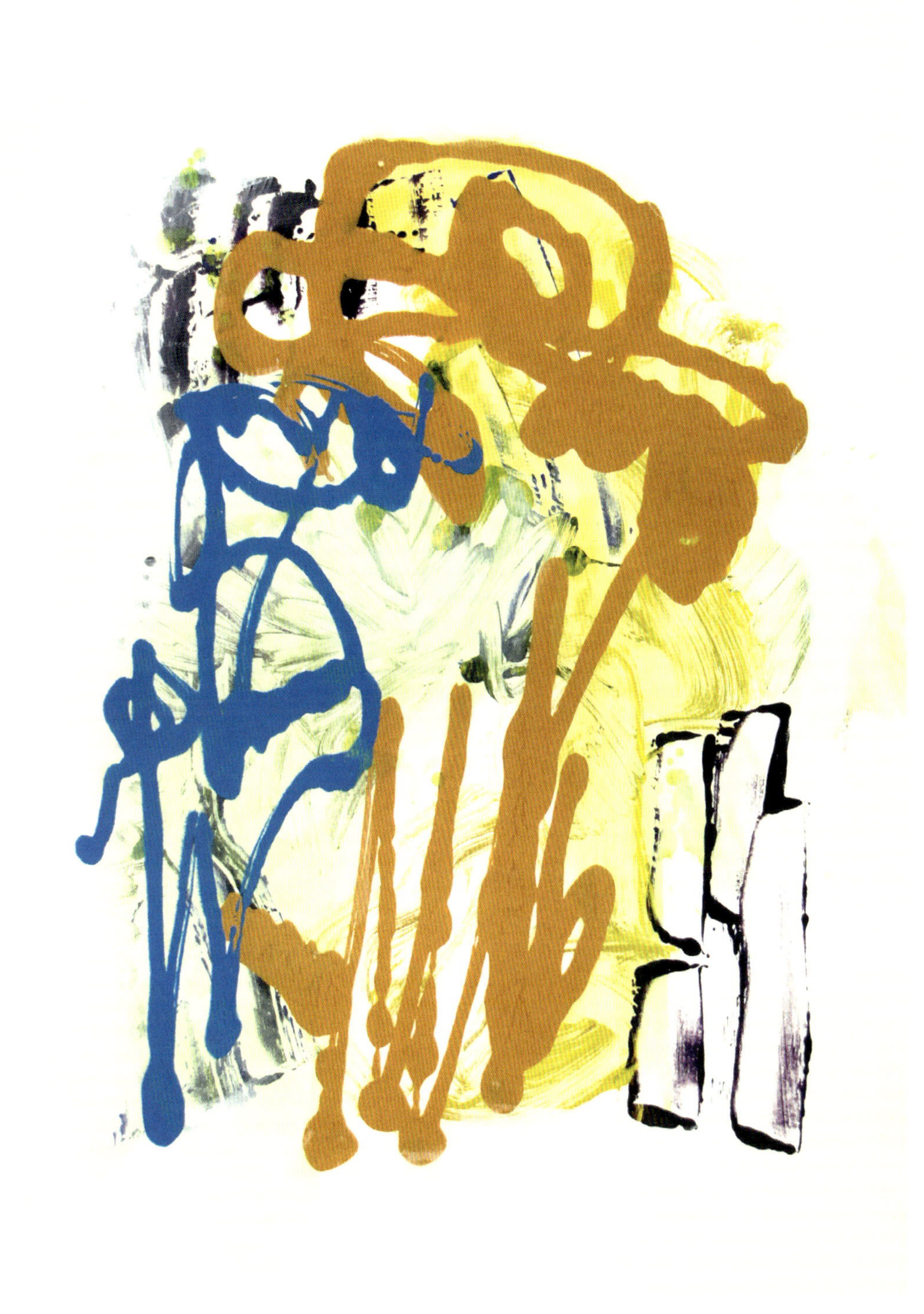

Monotypie 0025, 2009

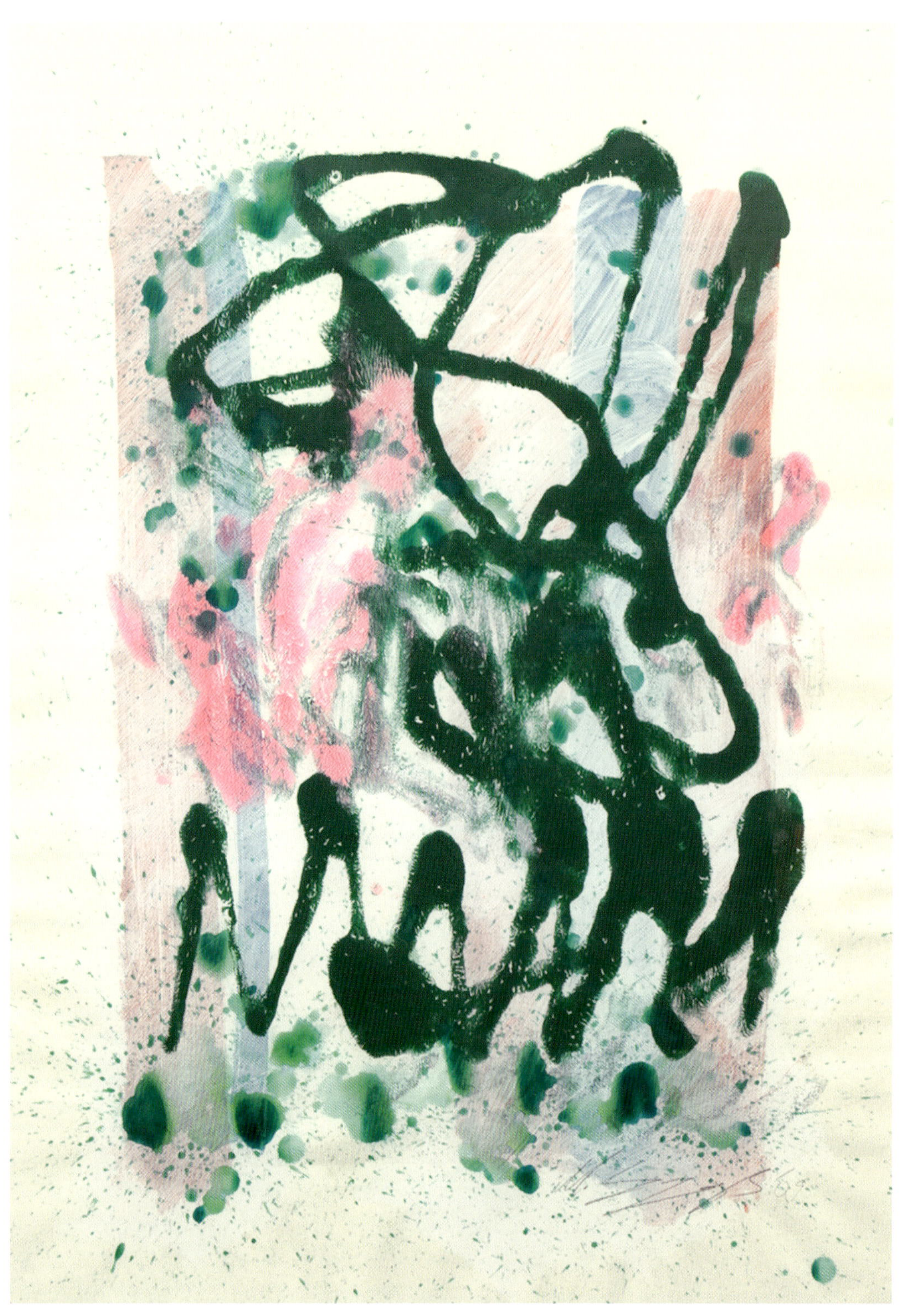

Monotypie 0031, 2009

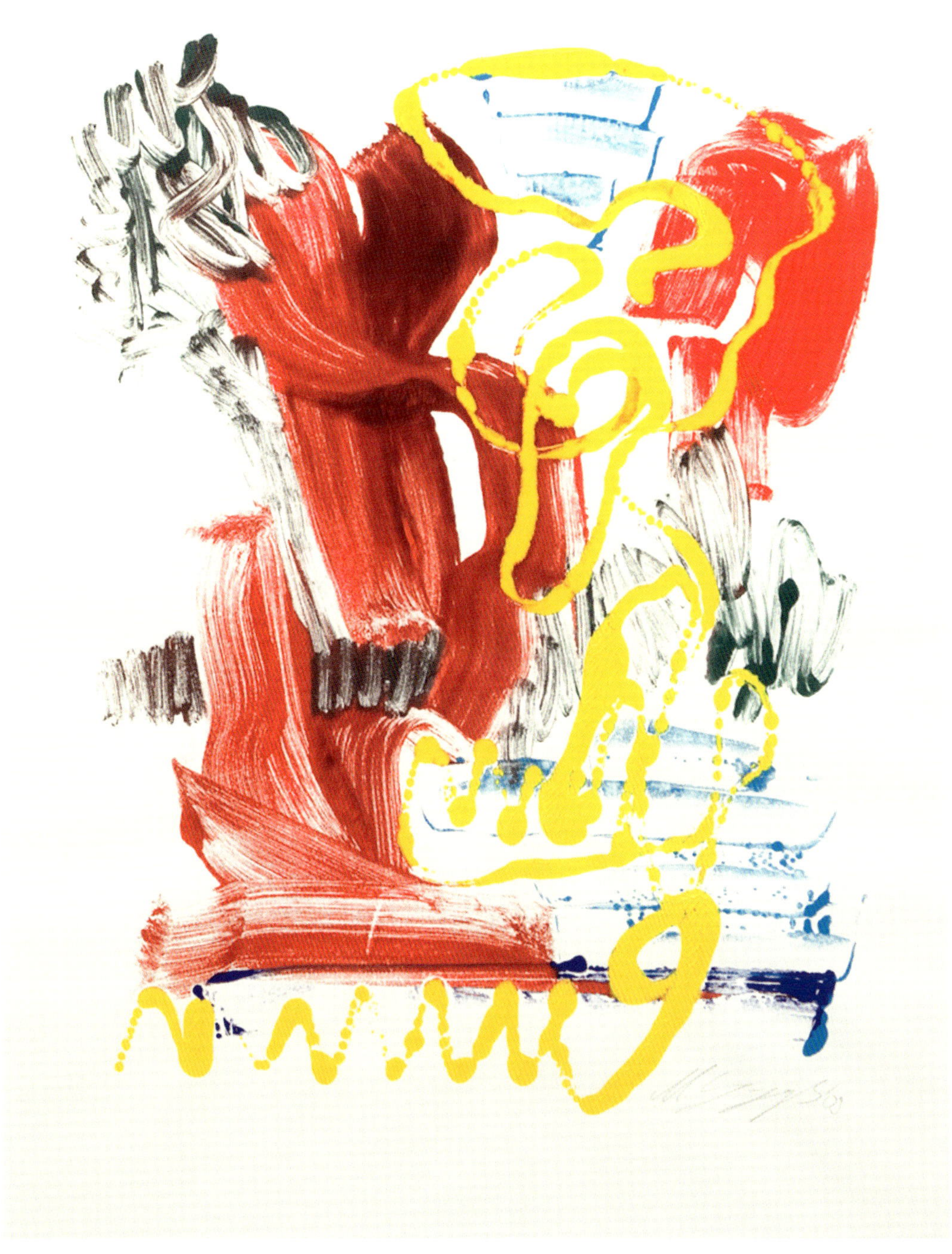

Monotypie 0030, 2009

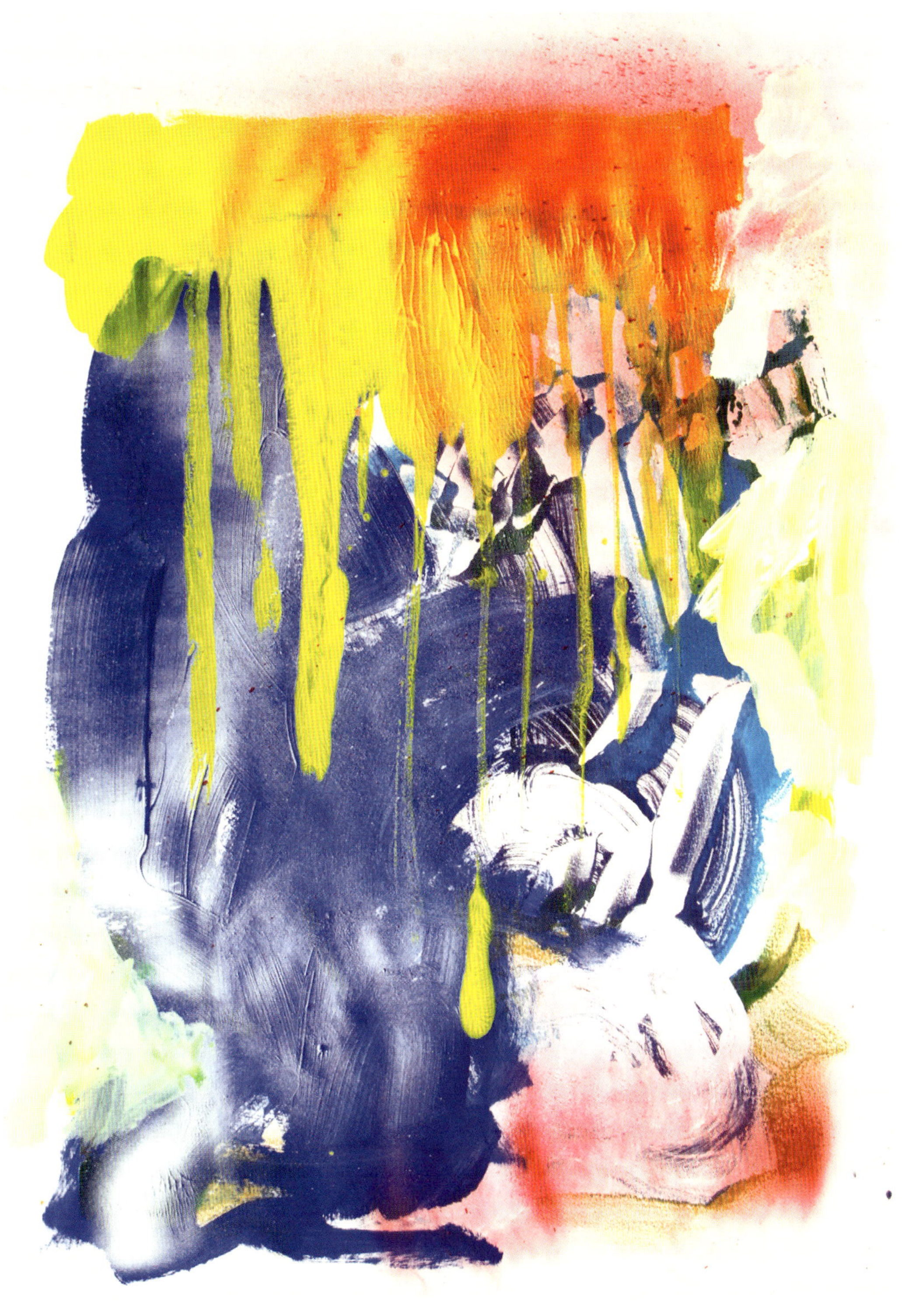

Monotypie 0026, 2009

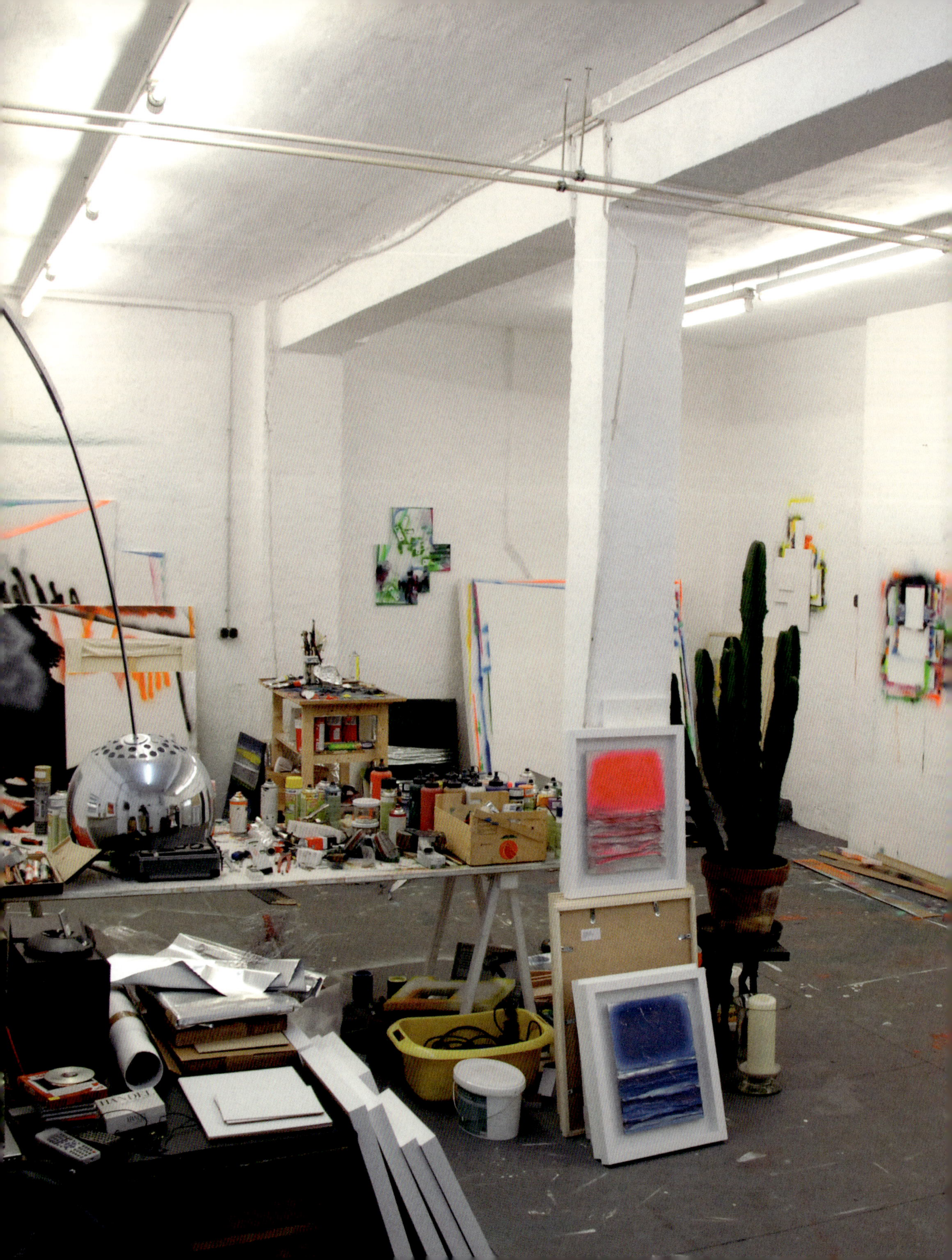

Painting Is an Eternal To and Fro between the Artist and the Picture – A Conversation with Michael Gerngroß, January 2010

Karsten Löckemann

Karsten Löckemann: I know your very early works, and they are more representational. Did you come to a point where you consciously decided to take the path to abstraction or was it an automatic process for you?

Michael Gerngroß: No, it was never a conscious decision for me. The representational works also come alive through colour, light and structure. The object of the painting has always played a secondary role for me. Abstract painting has freed me to some extent. I don't want to tell a story with my paintings, or raise riddles for the viewer, but create an experience of seeing.

Which kind of experience of seeing are you aiming at? Even though you don't see yourself in the role of a 'story teller', your abstractions are still created on the basis of experiences, feelings and maybe even stories. They are not merely coolly calculated constructions, are they?

Of course they're not. My works are also developed from feelings or are based on something I have seen. They are all geared to spatiality. As in nature, there is an up and down, light and shadow, warmth and cold. Possibly you are right and they tell the story of the existence of man and of that which makes us human. Especially the trace pictures maybe have exactly this as

Das Malen ist eben ein ewiges Hin und Her zwischen Maler und Bild – Ein Gespräch mit Michael Gerngroß, Januar 2010

Karsten Löckemann

Karsten Löckemann: Deine ganz frühen Arbeiten, die ich kenne, sind ja noch eher gegenständlich. Hast du dich irgendwann ganz bewusst entschieden, in eine abstrakte Richtung zu gehen oder ist das für dich eine automatische Entwicklung gewesen?

Michael Gerngroß: Nein, es war nie eine bewusste Entscheidung für mich. Auch die gegenständlichen Arbeiten leben stark durch Farbe, Licht und Struktur. Was dabei der Gegenstand der Malerei ist, war immer schon zweitrangig für mich. Abstrakt zu arbeiten hat mich irgendwie befreit. Ich will in meinen Bildern keine Geschichten erzählen oder dem Betrachter Rätsel aufgeben, sondern eine Seherfahrung schaffen.

Um welche Art der Seherfahrung geht es dir denn? Auch wenn du dich nicht in der Rolle eines „Geschichtenerzählers" siehst, so entstehen doch auch deine Abstrahierungen auf der Basis von Erfahrungen, Gefühlen oder vielleicht sogar Geschichten. Es sind doch nicht nur kühle Konstruktionen, oder?

Das sind sie natürlich nicht. Meine Arbeiten entwickeln sich auch aus Gefühlen heraus oder basieren auf Gesehenem. Sie orientieren sich alle an der Räumlichkeit. Wie in der Natur gibt es ein Oben und Unten, Licht und Schatten, Wärme und Kälte. Möglicherweise hast du recht und sie erzählen die Geschichte von der Existenz des Menschen und von dem, was uns dazu macht. Gerade die „Spurenbilder" haben dies viel-

their theme. One sees traces of spray paint and automatically the question poses itself what caused them. They are, as it were, relics of a procedure which is no longer visible. So, in a certain way, the painting certainly holds a mystery which would have to be explored on a philosophical level. Foremost for me, however, is to deal with the subject of human existence and the question of human actions.

Can you give a more explicit sketch of your inspirations?

The early works often bring to mind landscape and nature. But my surroundings also have a great influence on the pictures. In this context light, or rather the mood created by light, plays a major role. It makes no difference to me whether that is in the country or the city, but it changes my paintings. Maybe I react somewhat like a filter. Even the works of colleagues find their way into my painting. But they are filtered and reborn in another form.

So light is one quite important factor, colour another. It is of course the absolute basis for a painter. But you always work with a very broad range. How do you use the colours? How do you conceive your often very brilliant and expressive works?

The light in nature is the colour on the canvas. The exact concept of my work is to not really have one. Even during my studies I stopped making sketch books and creating models of

leicht sogar zum Thema. Da sieht man Sprühreste von Farbe und stellt sich automatisch die Frage, woher sie kommen. Es sind sozusagen Relikte eines Vorgangs, der nicht mehr zu sehen ist. Insofern birgt das Bild natürlich in gewisser Weise ein Geheimnis in sich, das man auf einer philosophischen Ebene durchleuchten müsste. Es geht mir aber vor allem immer darum, mich mit der menschlichen Existenz und der Frage nach dem menschlichen Tun auseinanderzusetzen.

Kannst du deine Inspirationsquellen noch etwas deutlicher skizzieren?

Die frühen Arbeiten erinnern oft an Landschaften und die Natur. Aber auch mein Umfeld nimmt immer stark Einfluss auf die Bilder. Dabei spielt das Licht beziehungsweise die Stimmung, die durch Licht erzeugt wird, eine große Rolle. Ob das nun auf dem Land oder in der Stadt sein mag, ist mir dabei egal, es verändert jedoch meine Bilder. Vielleicht reagiere ich dabei ähnlich wie ein Filter. Auch die Arbeiten von Kollegen beeinflussen meine Malerei. Aber sie werden gefiltert und dann in anderer Form wiedergeboren.

Das Licht ist also ein ganz wichtiger Faktor, die Farbe ist ein anderer. Sie ist natürlich für den Maler die Grundlage schlechthin. Aber du arbeitest ja immer mit einer sehr breiten Farbpalette. Wie kommen die Farben bei dir zum Einsatz? Wie konzipierst du deine oft sehr leuchtenden, expressiven Werke?

Das Licht in der Natur ist die Farbe auf der Leinwand. Das genaue Konzept bei meiner Arbeit ist, nicht wirklich eines zu haben. Schon während des Studiums habe ich aufgehört, Skizzenbücher zu führen und Modelle von Arbeiten zu machen, um sie hinterher

auszuführen. Konzepte langweilen mich. Ich bin ja kein Handwerker, der nach einem Bauplan etwas ausführt. Bei mir müssen die Dinge beweglich bleiben und sich entwickeln dürfen. Für Konzepte bin ich zu ungeduldig. Ich fange mit etwas an, das mich interessiert, sei es eine Farbe oder eine Struktur, und das verfolge ich dann so lange, bis etwas entstanden ist, das mich zufriedenstellt. Wenn du eine Farbe auf die Leinwand setzt, sagt dir diese, was als Nächstes passieren soll. Da bedingt dann eine Farbe die andere. Natürlich nimmt man ab und an Abstand, um zu korrigieren und einzugreifen. Das Malen ist eben ein ewiges Hin und Her zwischen Maler und Bild. Manchmal ein endloser Streit und manchmal ein harmonisches Miteinander.

Wir haben schon häufiger über Bernard Frize gesprochen, dessen Arbeit du schon lange verfolgst und bewunderst. Was fasziniert dich an seinen Werken? Wenn ich es richtig beobachtet habe, ist er über Jahre seinem abstrakten Weg treu geblieben und hat seinen Stil nur wenig verändert.

Seine Arbeiten sind durch die vielen ineinandergreifenden Pinselstrukturen sehr dicht verwoben und erzeugen damit eine starke Tiefe und zugleich eine klare Oberfläche. Ähnlich wie ein hochwertiger Stoff glänzen sie in allen Farben. Ich glaube eben, dass wir uns für ähnliche Dinge interessieren oder ähnlich denken. Für mich ist der Pinselstrich jedoch ein Beweis meiner Existenz, während Bernard Frize Gerätschaften baut, um möglichst gleichmäßige Strukturen zu erzeugen, und den Maler dabei fast aus dem „Herstellungsprozess" seines „Produktes" herausnimmt. Auch Frize hat experimentiert, wie Farben ineinandergreifen, um herauszufinden, wie die Dinge funktionieren. Ich sehe in seiner Arbeit auch unter-

If it was always the same, it would soon bore me. It is exactly the experiment and the possibility of failure that makes our work so interesting.

For some time now a very interesting development can be observed in your work. You are experimenting with different materials a lot, particularly with aluminium foil. Your paintings slowly seem to evolve into works with an almost sculptural character.

Yes, that's right. Due to the strong structure of the surface and the reflecting character of the aluminium foil, more light is caught in the work, and it fascinates me how my pictures react to changes in the light. They are a mirror of the changing moods in the room. They are never the same and thus almost alive. You think you can grasp them but you always detect there's a new side to them. I can't say to what extent sculpture plays a role in my work. What's of interest to me is structure and of course the question what influence it has on the composition of the painting. The aluminium foil takes over the role the brush stroke has played to a large extent in my earlier works.

But there were some attempts at creating real sculpture. I remember your experiments with the Louis Vuitton bag. I had the impression that the subject of sculpture appeals to you and might broaden your range of expression?

Yes, you're not wrong about that. So far the modifications of the bags are still secret experiments. But something is going to come of it. If you know somebody who is willing to part with their 'Louis Vuitton', I am a grateful recipient.

schiedliche Ansätze. Wäre er immer gleich, würde er mich schnell langweilen. Es ist doch gerade das Experiment und der mögliche Fehlschlag, der unsere Arbeit so interessant macht.

Bei dir ist nun seit einiger Zeit eine ganz interessante Entwicklung zu beobachten. Du experimentierst sehr viel mit verschiedenen Materialen, vor allem mit Alufolie. Aus deinen Gemälden scheinen sich langsam Arbeiten mit fast skulpturalem Charakter zu entwickeln.

Ja, das stimmt. Durch die starke Oberflächenstruktur und den reflektierenden Charakter der Alufolie kann sich mehr Licht in meinen Arbeiten fangen und dabei fasziniert mich sehr, wie meine Bilder auf Lichtveränderung reagieren. Sie sind wie ein Stimmungsspiegel des Raumes. Sie sind nie gleich und somit fast lebendig. Man meint, sie greifen zu können, und stellt doch immer wieder neue Seiten an ihnen fest. Inwieweit die Skulptur in meine Arbeit hineingreift, kann ich so nicht sagen. Für mich ist vor allem die Struktur interessant und natürlich die Frage, welchen Einfluss sie auf die Bildkomposition hat. Das, was in früheren Arbeiten zu einem Großteil der Pinselstrich übernommen hat, ersetzt jetzt die Alufolie.

Erste Anläufe zu wirklichen Skulpturen gab es aber auch schon. Ich erinnere mich an deinen Versuch mit der Louis-Vuitton-Tasche. Ich hatte schon das Gefühl, dass dich das Thema Skulptur reizt und dein Ausdrucksspektrum erweitern könnte?

Ja, da hast du nicht unrecht. Die Taschenumbauten sind bisher noch geheime Versuche. Aber da wird sicherlich noch mehr entstehen. Wenn du jemanden kennst, der sich von seiner „Louis Vuitton" trennen

Most of your works are groups in multiple parts or sequential cycles. What does this concept of series mean to you? The idea of space also plays a role, doesn't it?

I think that in many ways your art is becoming more conceptual. I also noticed it in the titles of the works. Just a year ago your abstract paintings still had titles with a personal character or at least they gave the impression. There were titles geared to the seasons of the year, containing names of months or there were names of cities. In your current titles you

will, bin ich ein dankbarer Abnehmer. Auch die mehrteiligen Spurenbilder reichen bereits in den Raum hinein, aber von Skulpturen kann man da wohl nicht sprechen. Es sind einfach dreidimensionale Wandarbeiten. Aber ich habe ja noch einige Jahre vor mir und wollte mit dem Experimentieren nicht so bald aufhören.

Die Serien sind eigentlich weniger auf der Grundlage eines gewollten Konzeptes entstanden. Es ergibt sich viel mehr aus dem Arbeitsprozess. Immer wenn ich etwas Neues für mich entdecke, möchte ich so lange damit spielen, bis das Spielzeug seinen Reiz für mich verloren hat. Bei diesem Vorgang entwickelt sich bereits oft ein neues Thema oder man entdeckt eben gerade beim Spielen ein neues Spielzeug, das einen wieder in eine andere Richtung führt. So bleibt die Malerei spannend. Ich weiß jetzt auch noch nicht, wie ich in 20 Jahren malen werde, und bin später einmal vielleicht selbst ganz überrascht. Und der Gedanke an den Raum spielt natürlich immer eine Rolle bei der Malerei.

mainly describe the structure of the paintings. Can you say something about this change?

Actually the titles of the works never really interested me. They were created mainly for the viewer, who unfortunately demands a clue to be able to get involved with a work of art, instead of just sensing himself into it. I think my works are not becoming more conceptual. They are still based on one and the same source of inspiration and have not lost their personal touch. Joan Mitchell once said: 'Other people don't have to see what I do in my work. It's just a painting.' I also believe that the artist has no place in the work of art. The work must stand for itself and if it does not trigger something in the viewer, well, then the wrong ones have come together. It is just like with personalities: they don't all get along. So I would say: my works have gained personality. My paintings no longer pretend. They are what they are.

At the end of our conversation I have a more general question: The contemporary art scene, the art market and the exhibitions are increasingly becoming more unfathomable. Is there an artist, exhibition or maybe even a work of art that has deeply impressed or even inspired you lately?

The last exhibition I visited was Alfons Mucha at the Kunsthalle of the Hypo-Kulturstiftung and I must say, it really surprised me. Mucha is not really my cup of tea. But I find his diversity and his inventiveness in regard to designs and ornaments truly impressive. But it is difficult to find exhibitions of paintings that have a lasting

schreibst du vor allen Dingen selbst die Struktur der Bilder. Kannst du etwas zu diesem Wandel sagen?

Eigentlich haben mich die Titel der Arbeiten noch nie wirklich interessiert. Sie sind mehr für den Betrachter entstanden, der leider oft einen Anhaltspunkt verlangt, um sich auf ein Kunstwerk einlassen zu können, anstatt sich hineinzuspüren. Meine Arbeiten werden, glaube ich, nicht konzeptueller. Sie beruhen immer noch auf ein und derselben Inspirationsquelle und haben auch nichts an Persönlichem verloren. Joan Mitchell hat einmal gesagt: „Für den Betrachter ist es doch unwichtig, was ich mir bei meinen Bildern denke, es ist nur ein Gemälde." Ich glaube auch, dass der Künstler in dem Kunstwerk nichts zu suchen hat. Die Arbeit soll für sich sprechen und wenn sie im Betrachter nichts auslöst, sind eben die Falschen zusammengekommen. Das ist doch ähnlich wie mit Persönlichkeiten: Es verstehen sich eben nicht alle miteinander. Insofern würde ich sagen: Meine Arbeiten haben an Persönlichkeit gewonnen. Meine Bilder geben nichts mehr vor. Sie sind, was sie sind.

Zum Schluss unseres Gesprächs noch eine etwas allgemeiner gefasste Frage: Die zeitgenössische Kunstszene, der Kunstmarkt und das Ausstellungsgeschehen werden ja zunehmend unüberschaubarer. Gibt es einen Künstler, eine Ausstellung oder vielleicht sogar ein Kunstwerk, das dich in der letzten Zeit nachhaltig beeindruckt oder inspiriert hat?

Zuletzt war ich in der Alfons-Mucha-Ausstellung in der Kunsthalle der Hypo-Kulturstiftung und ich muss sagen, dass ich sehr überrascht war. Eigentlich ist Mucha nicht so mein Fall. Aber seine Vielfältigkeit und sein Erfindungsreichtum in Bezug auf Muster und Ornamente haben mich sehr beeindruckt. Aber es ist schwierig auf Malereiausstellungen zu treffen, die

effect. The personal field of vision slowly
narrows. You can't interest yourself in every-
thing anymore. Moreover, most galleries have
programs which unfortunately are geared to
the art market. But generally I am very much
into Katharina Grosse, Joan Mitchell and
Willem de Kooning. Of course my main interest
is in artists who work vigorously with colour.
But I also appreciate Anselm Reyle for his
experiments with foil and colour.

nachwirken. Das eigene Sichtfeld schränkt sich langsam ein. Man interessiert sich nicht mehr für alles.
Zudem folgen die meisten Galerien doch einem be-
stimmten Programm, das sich leider oft zu sehr am
Kunstmarkt orientiert. Aber generell kann ich mich
sehr für Katharina Grosse, Joan Mitchell und Willem
de Kooning begeistern. Es interessieren mich
natürlich vor allem die Künstler, die kraftvoll mit
Farbe arbeiten. Ich schätze aber auch Anselm Reyle
für seine Experimente mit Folie und Farbe.

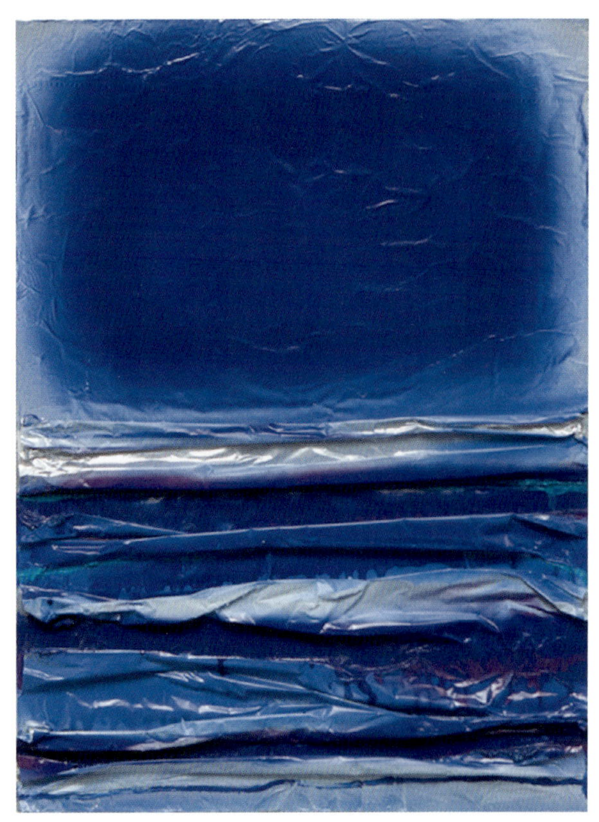

Blau Horizontale Struktur, 2009

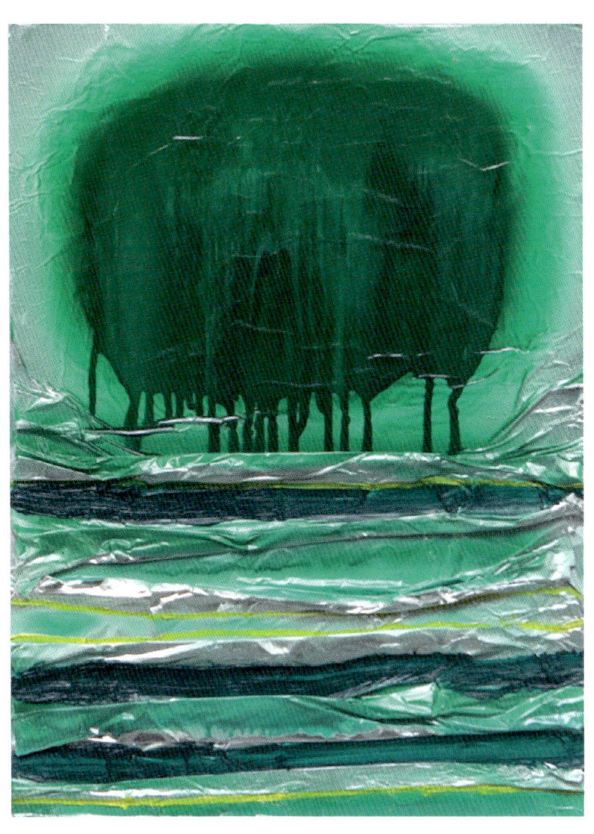

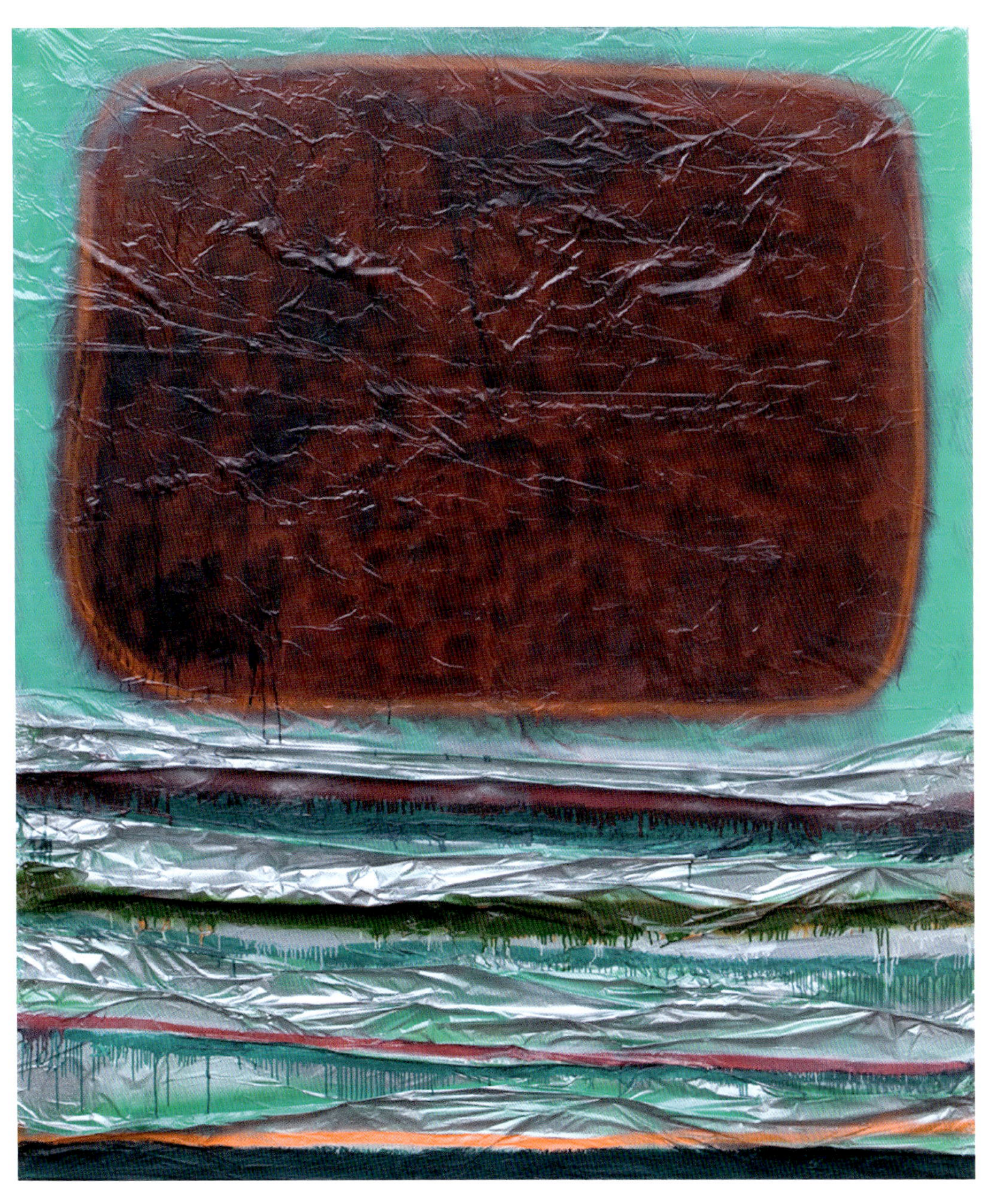

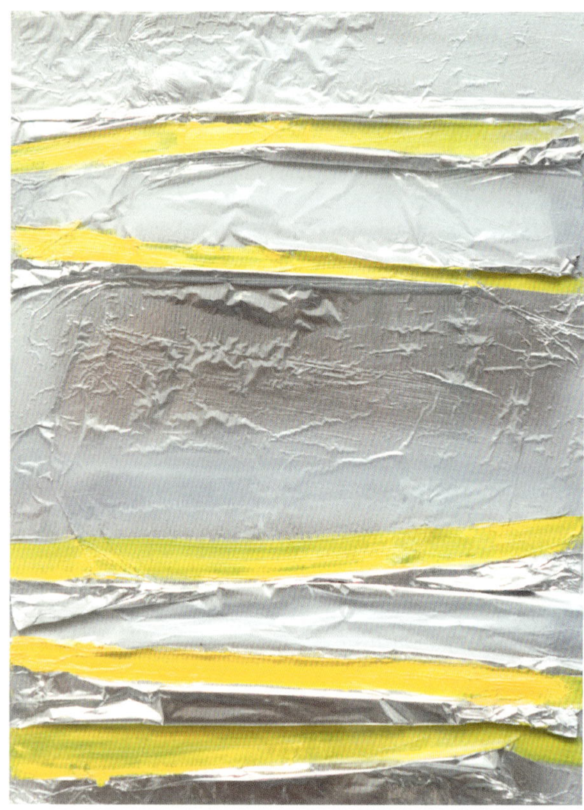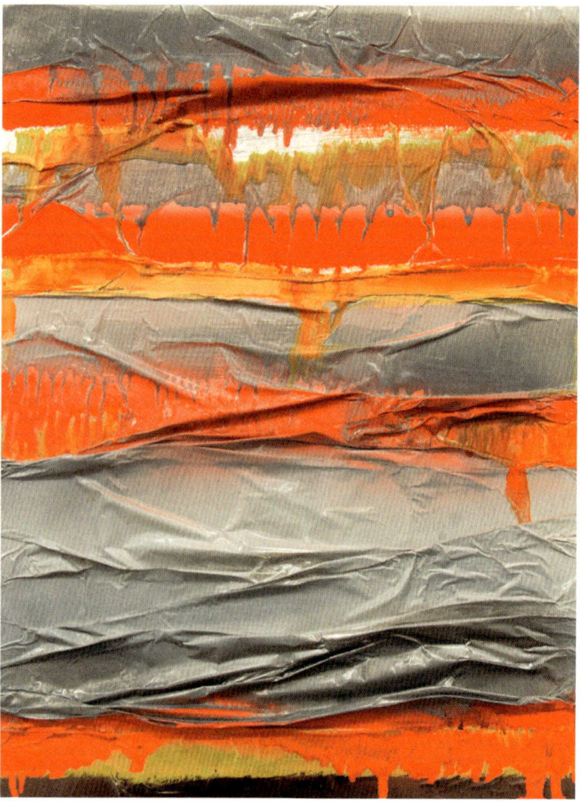

Horizontale Struktur Gelb, 2009
Horizontale Struktur Gelb Orange, 2009

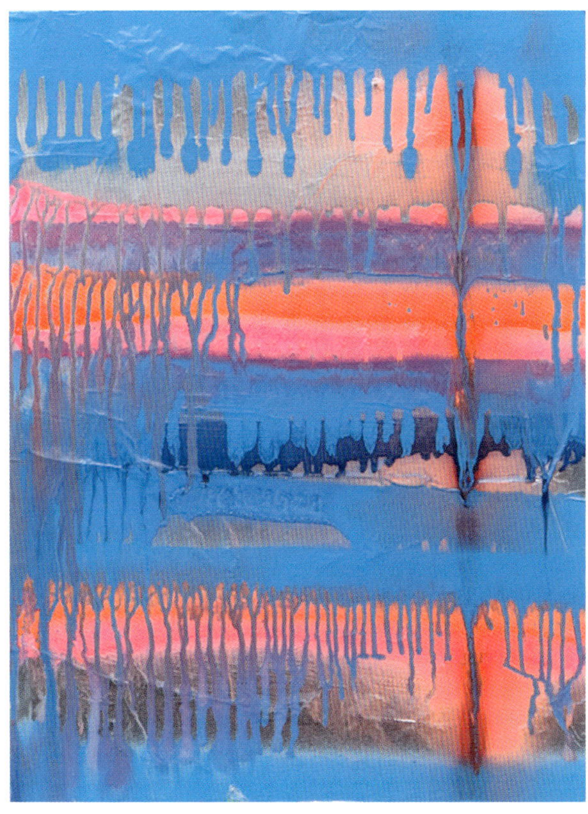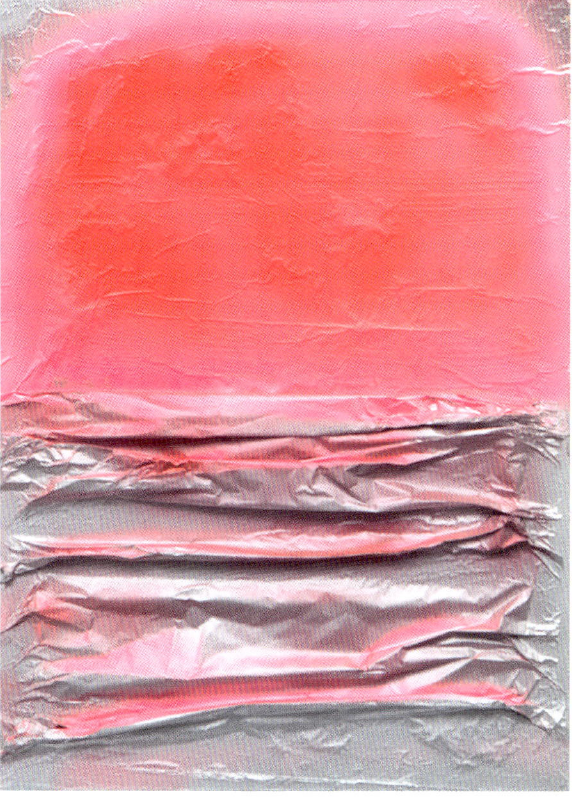

Horizontale Struktur Blau Orange, 2009
M Horizontale Struktur, 2009

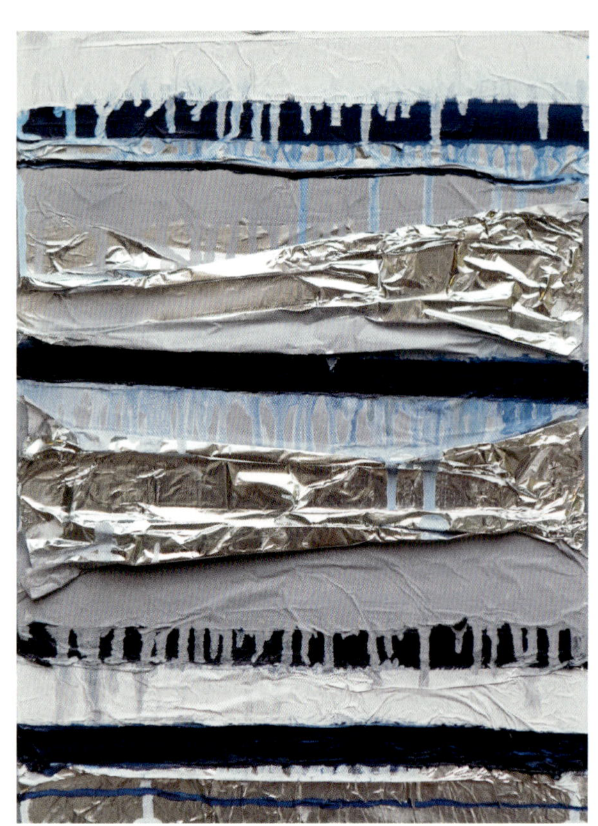

Horizontale Struktur Weiß Blau, 2009

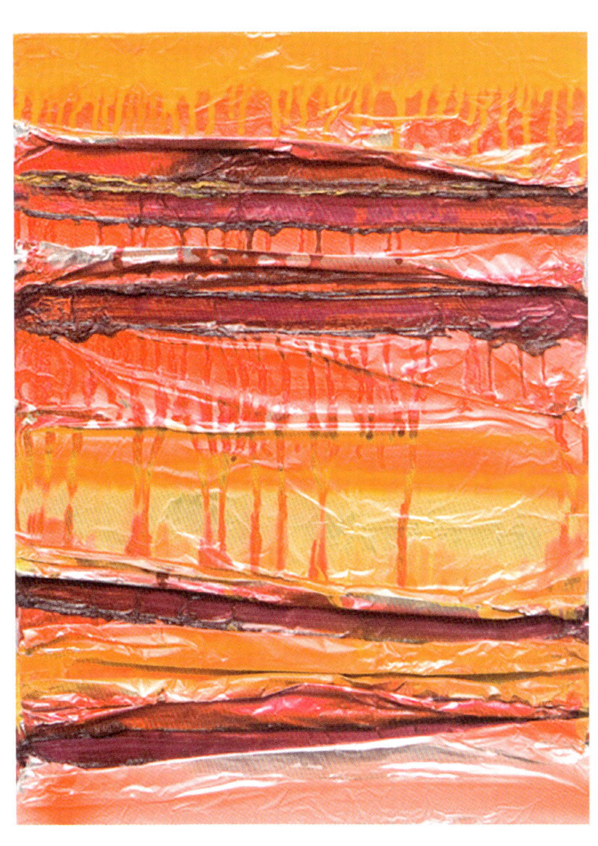

Horizontale Struktur Rot, 2009

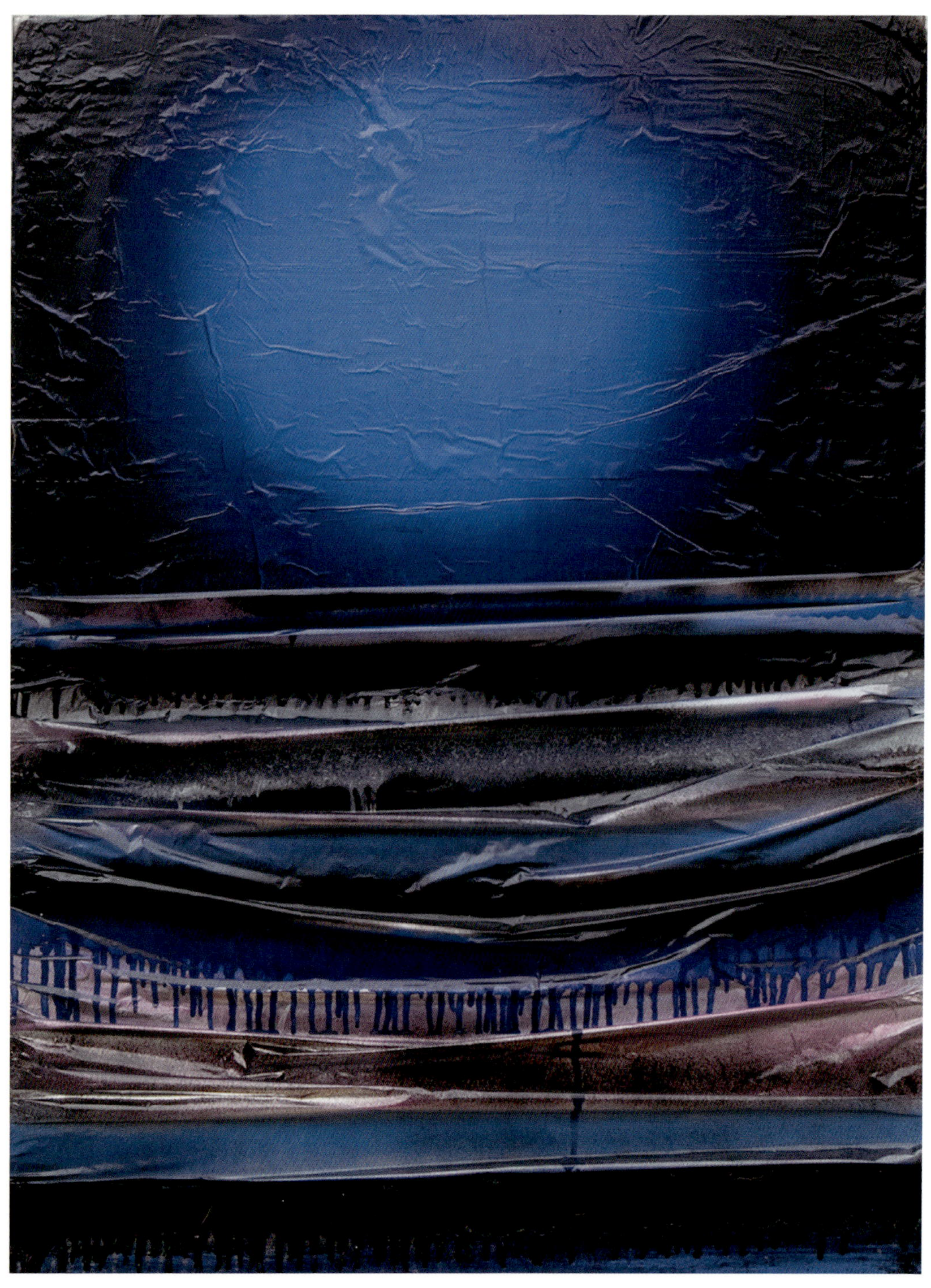

Horizontale Struktur Blau Schwarz, 2010

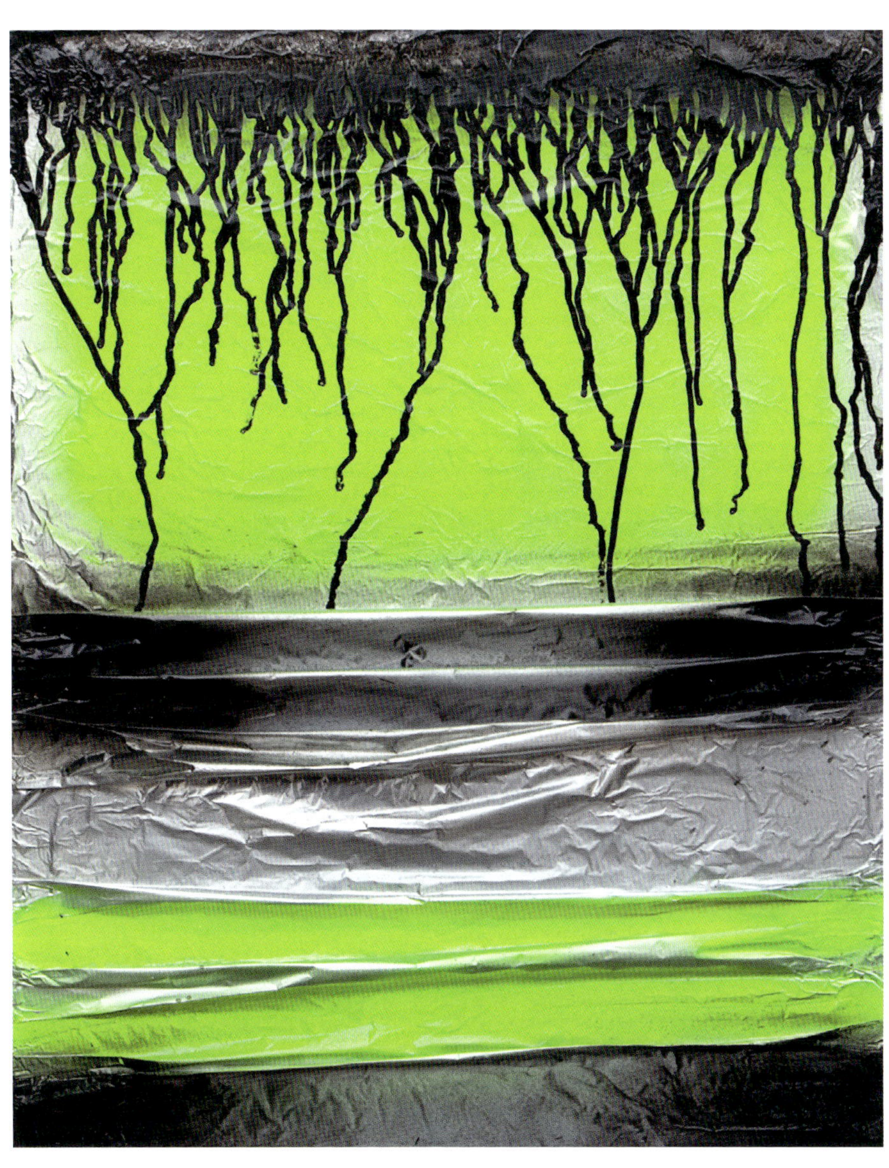

Horizontale Struktur Gelb Schwarz, 2009

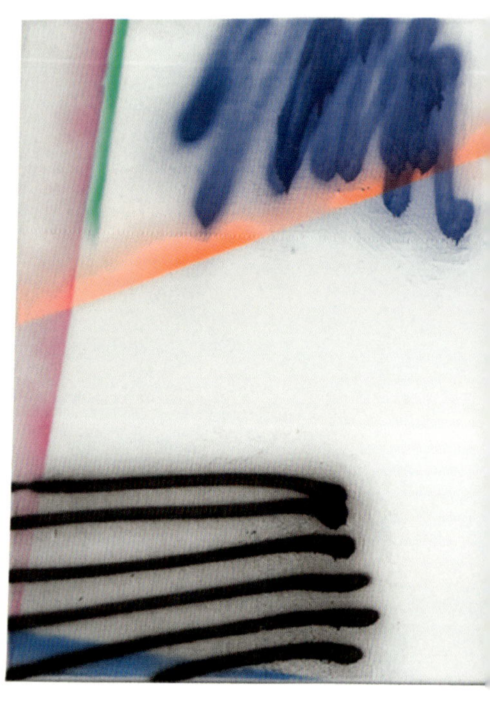

Spuren Silber Schwarz, 2010

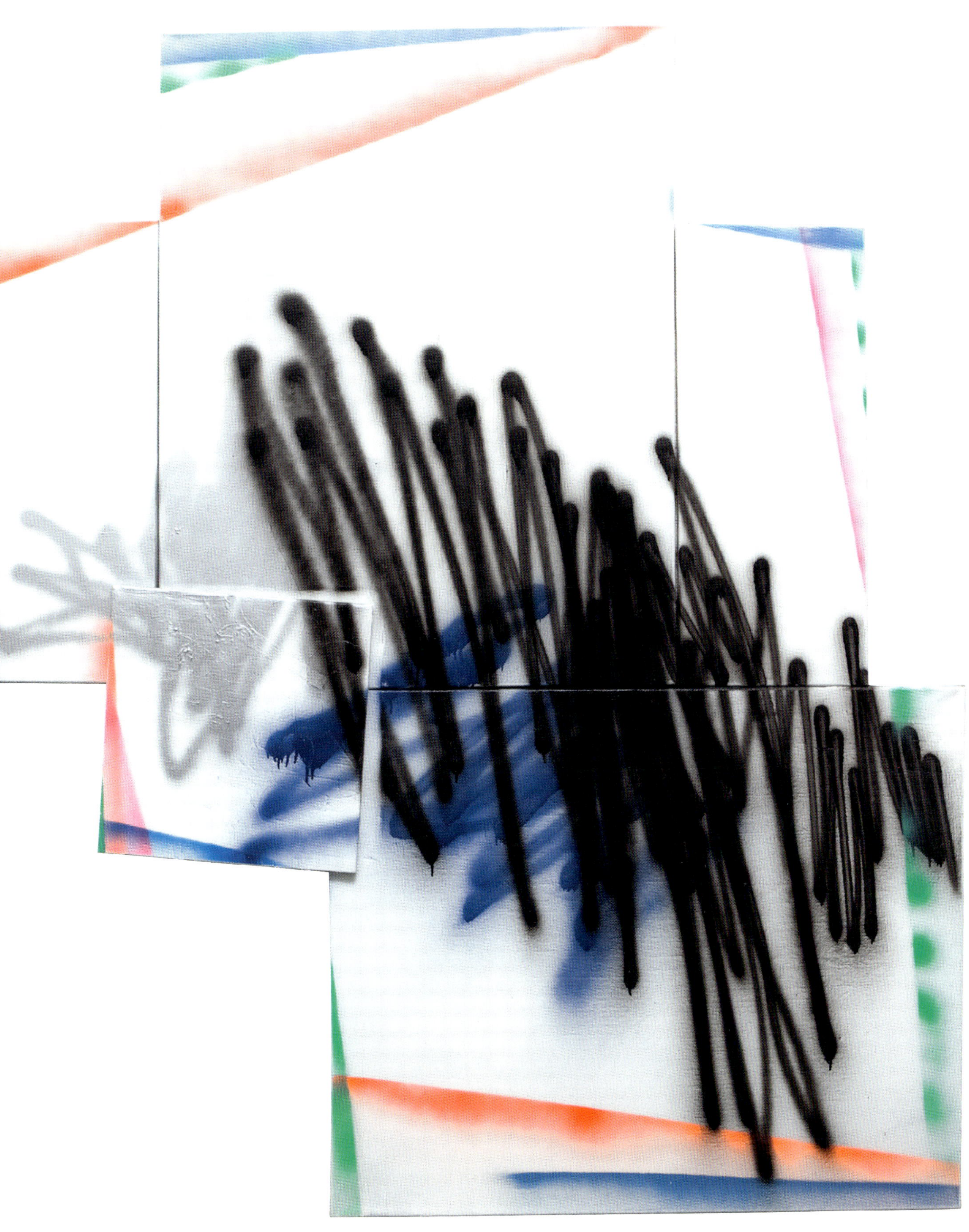

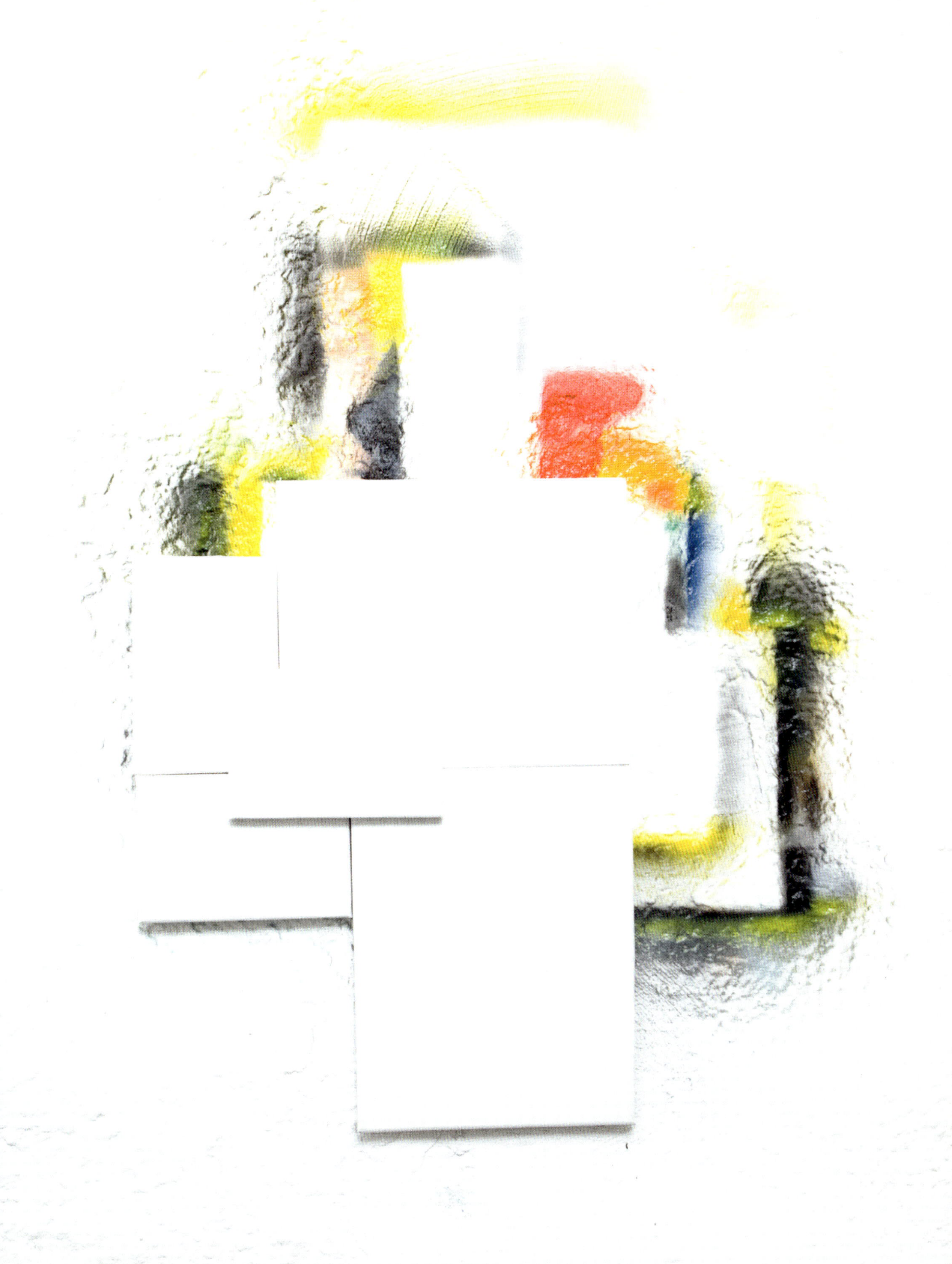

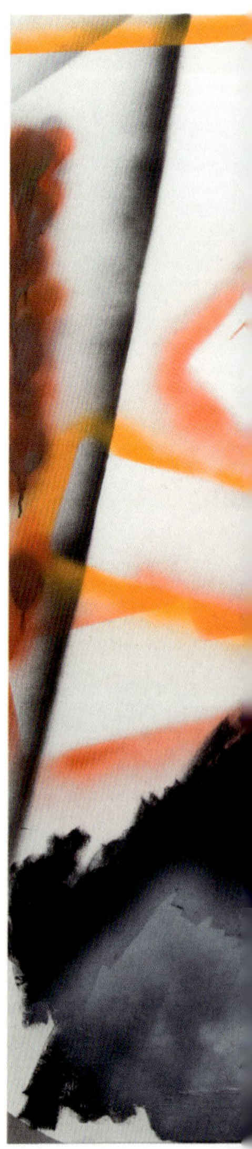

Spuren Rot Schwarz, 2010

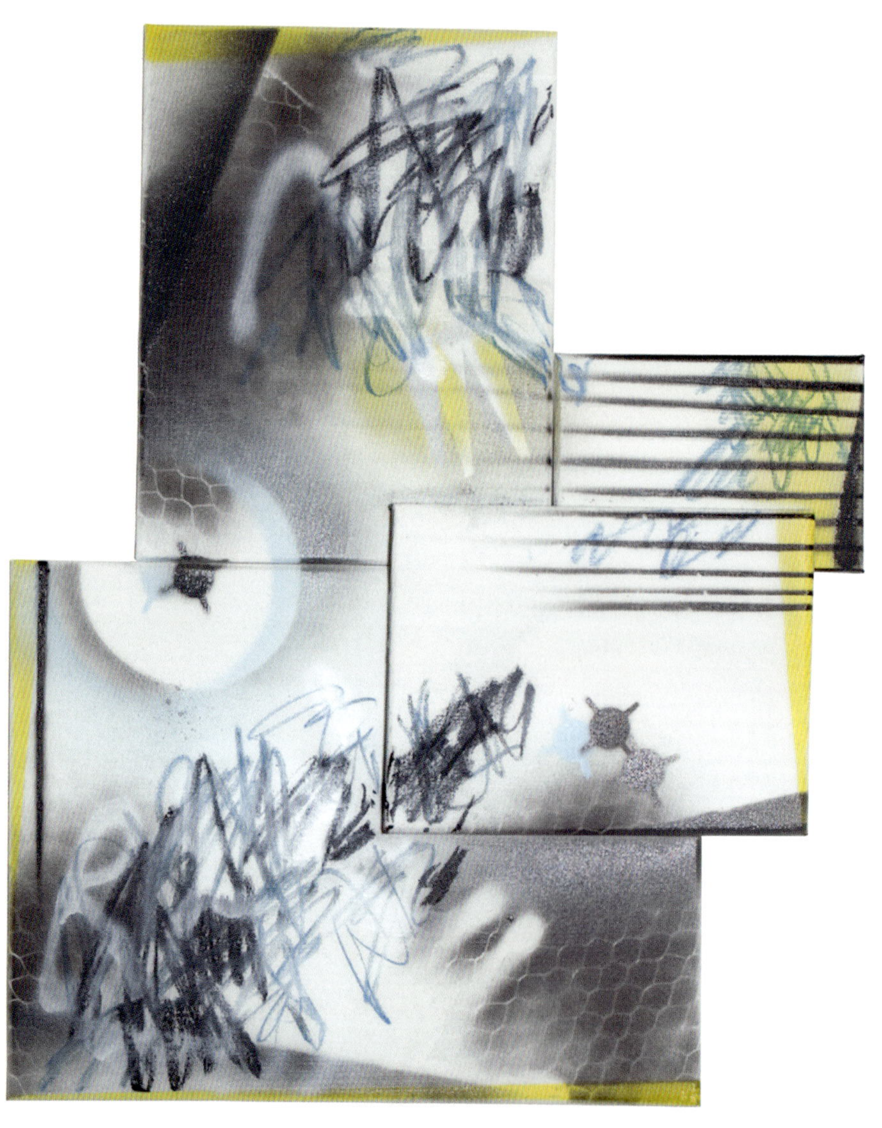

Spuren Gelb Schwarz, 2010

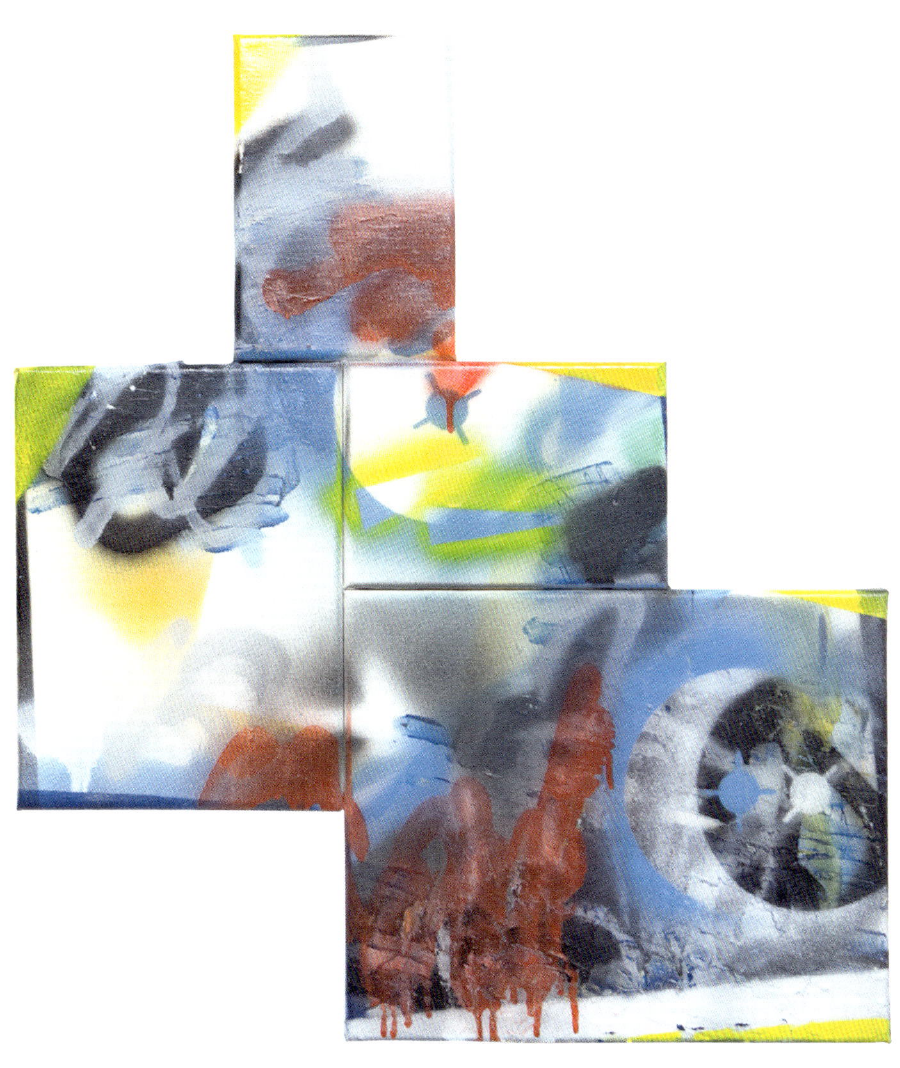

Spuren Rot Blau, 2010

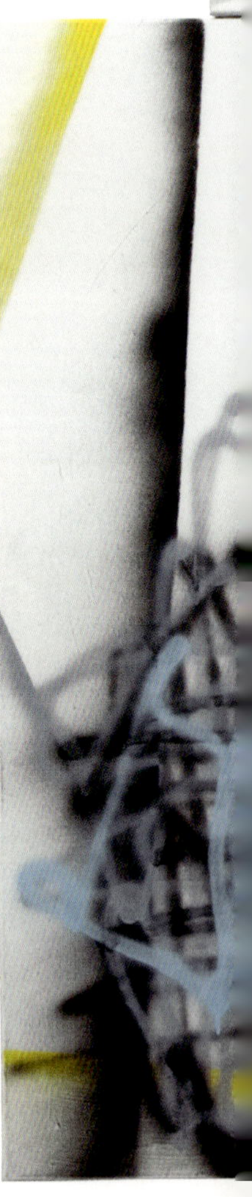

Spuren Gelb Schwarz, 2010

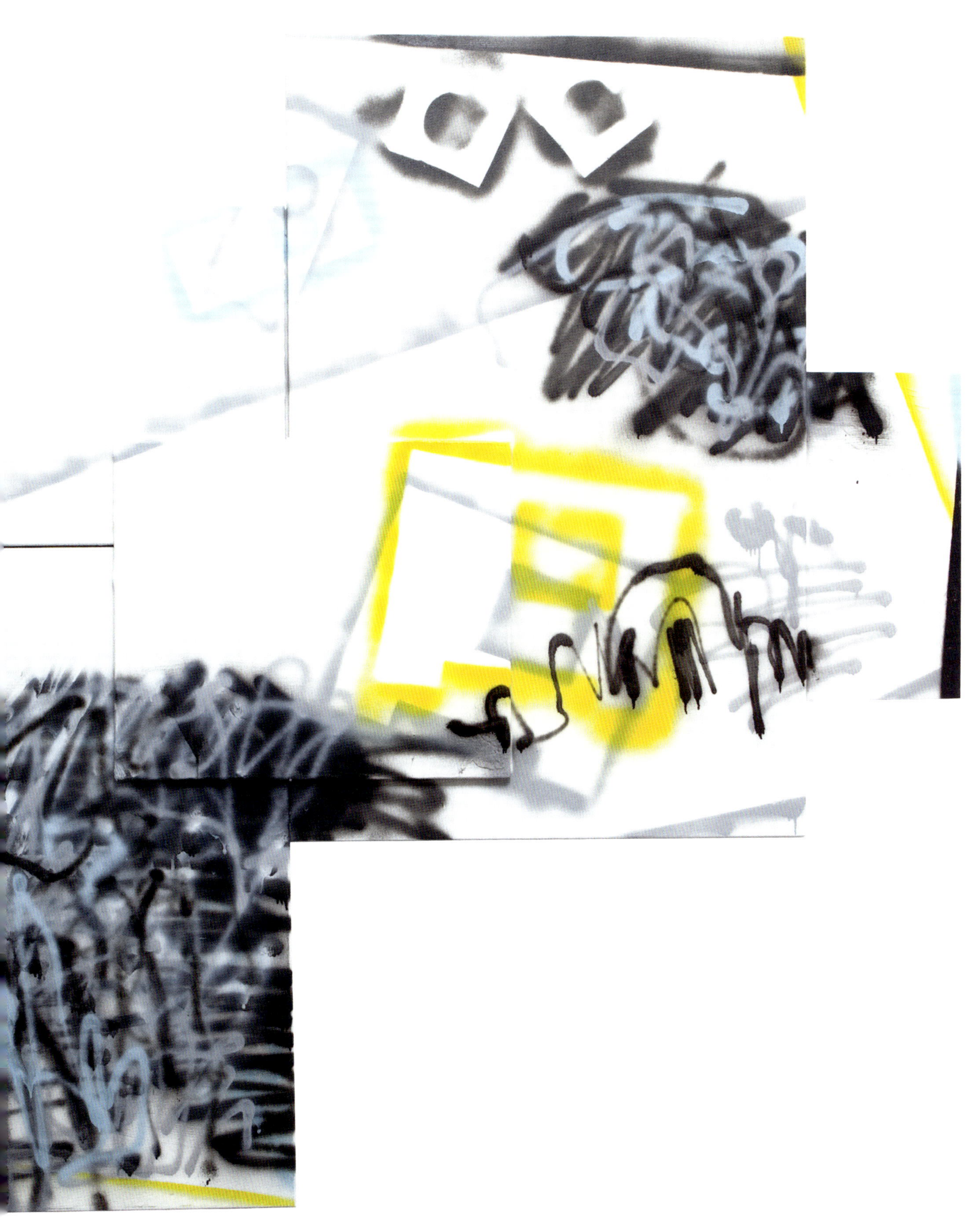

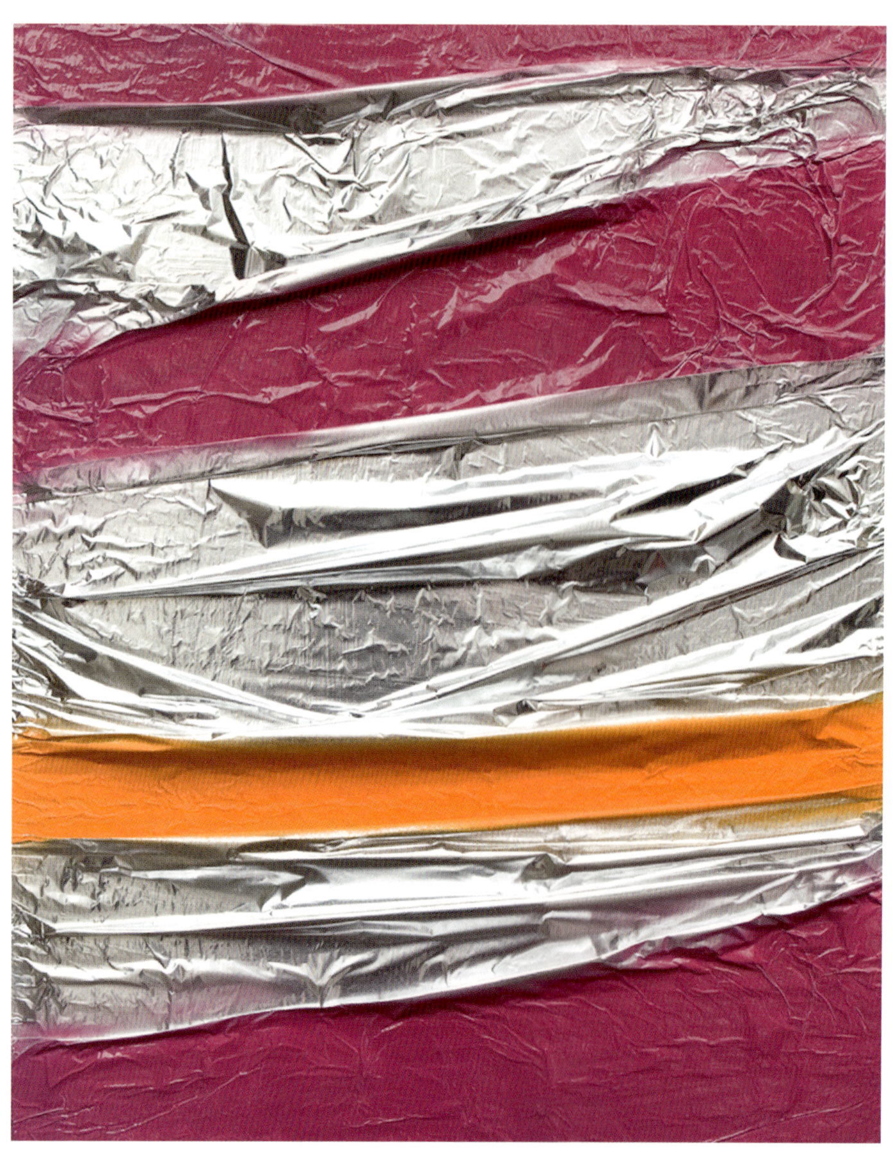

Horizontale Struktur M.O., 2009

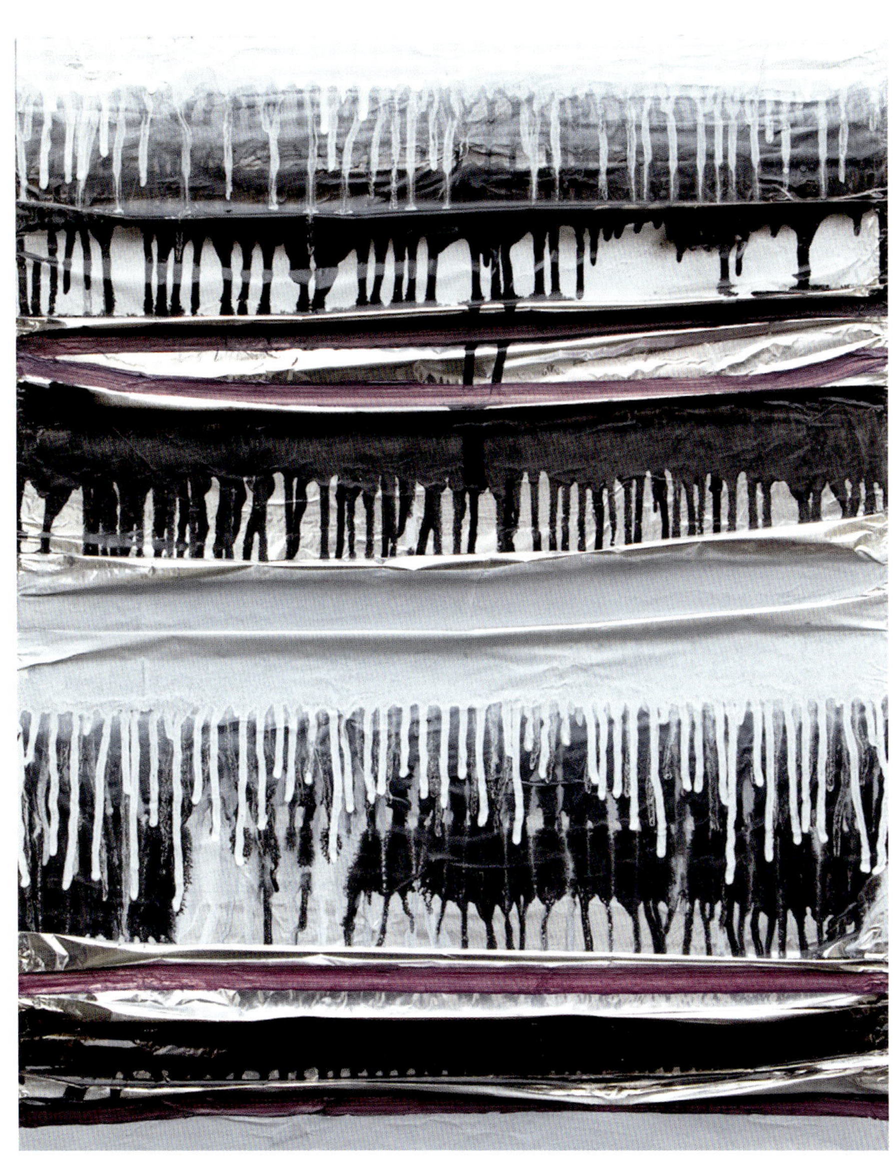

Horizontale Struktur Schwarz Weiß, 2009

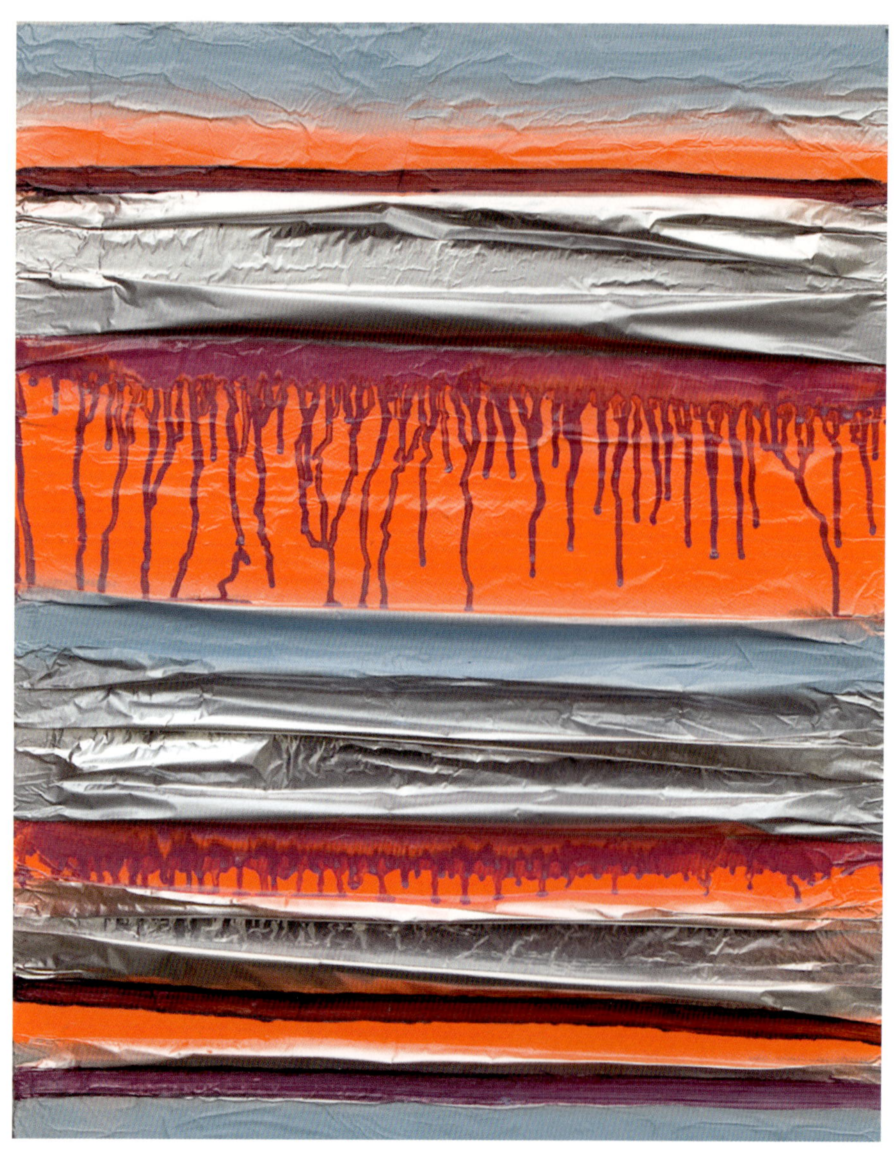

Horizontale Struktur Blau Orange, 2009

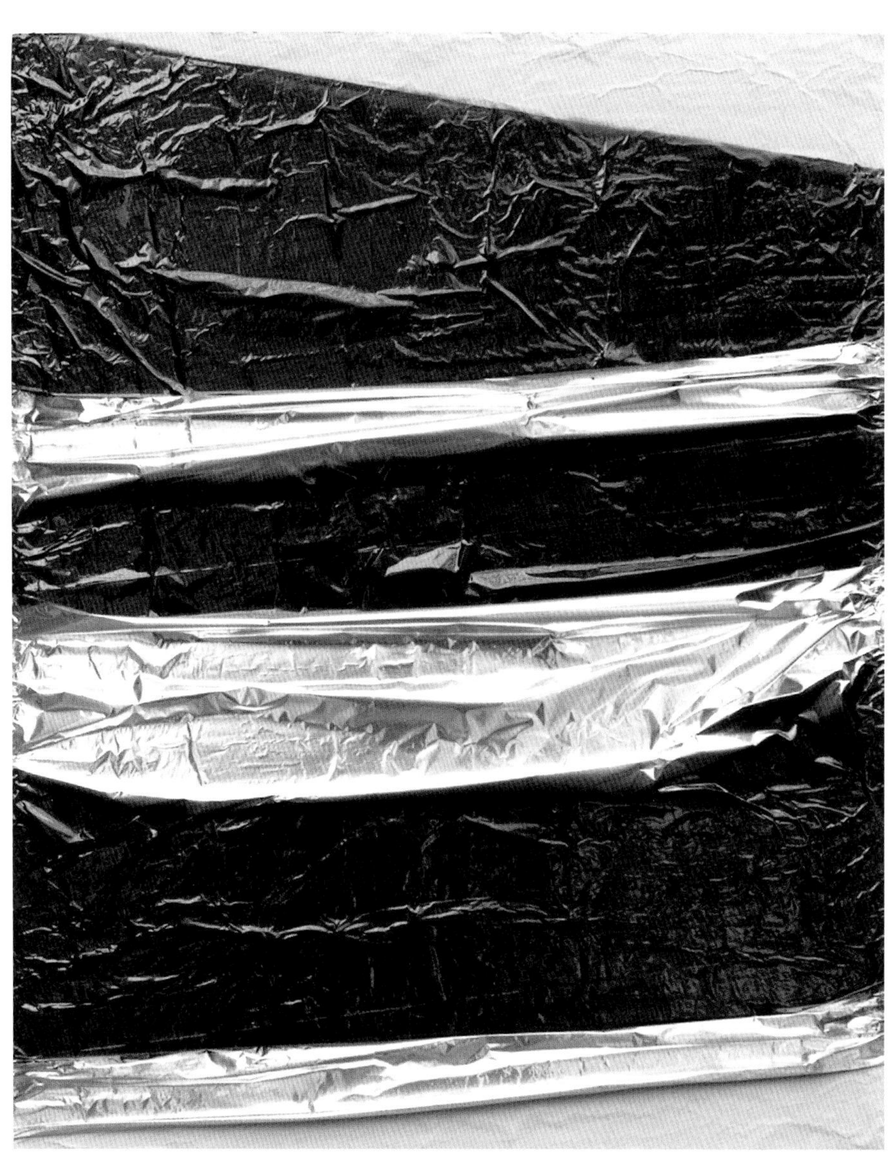

Horizontale Struktur Schwarz Grau, 2009

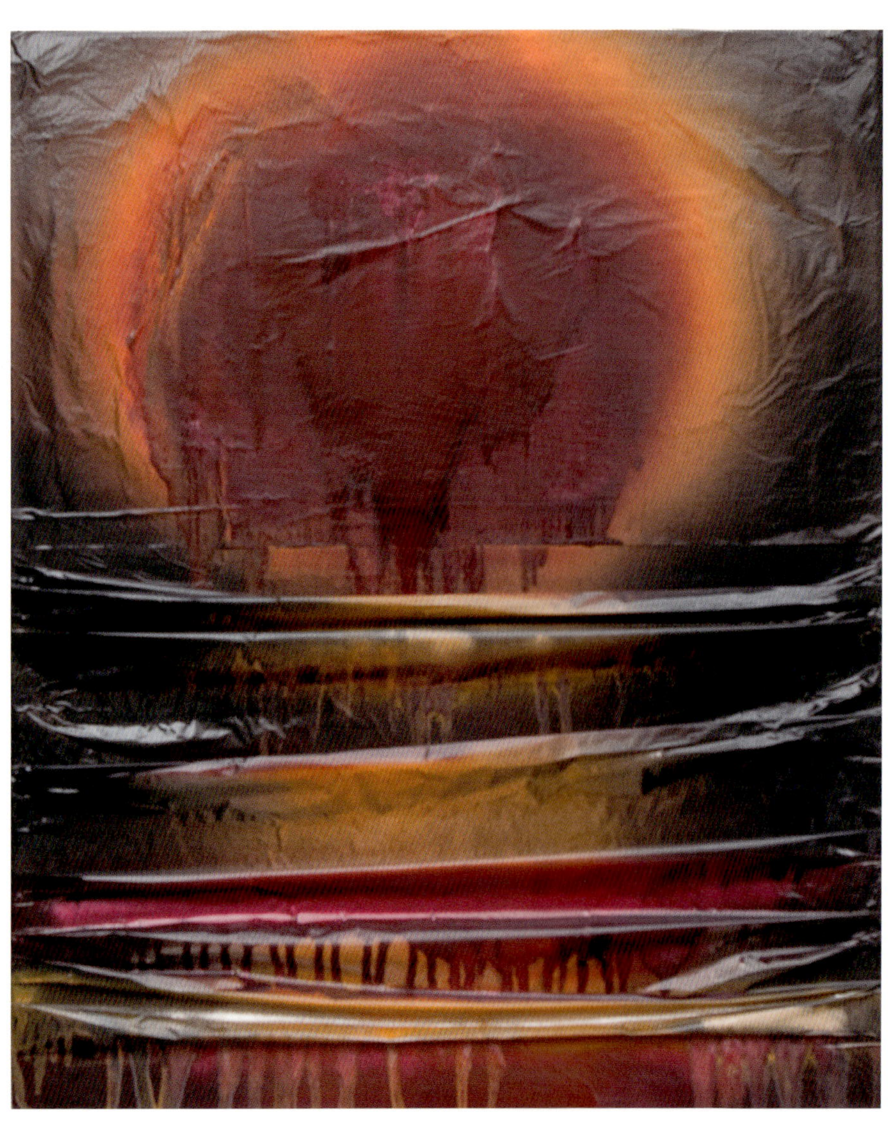

Horizontale Struktur Rotbraun, 2010

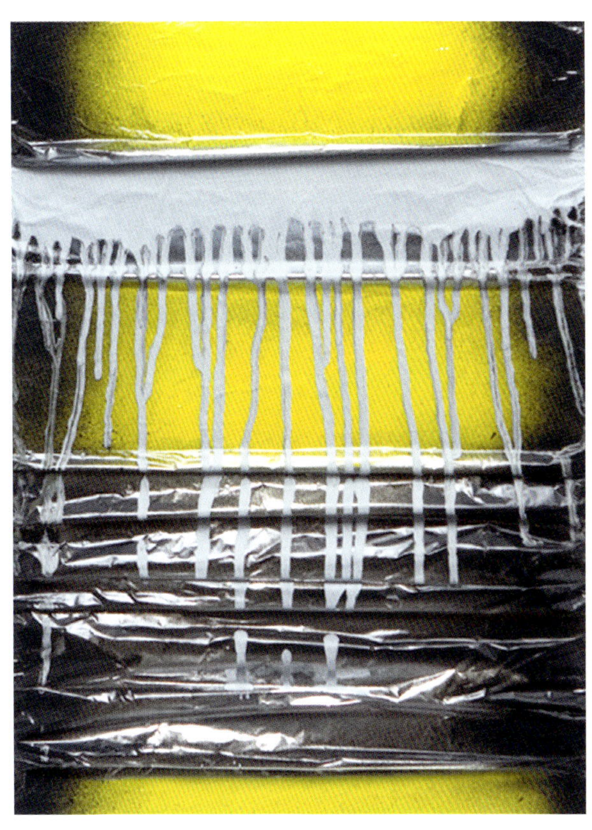

Horizontale Struktur Gelb Grau, 2009

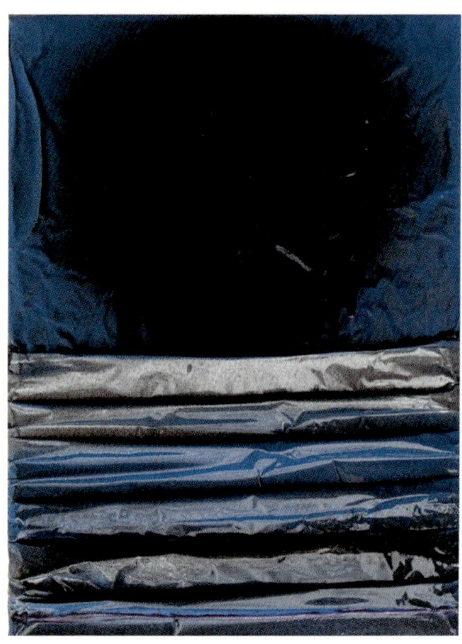 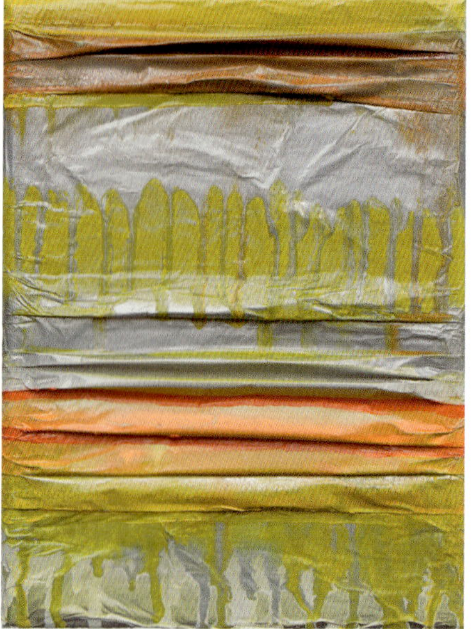

Horizontale Struktur Schwarz Blau, 2010
Horizontale Struktur Gelb, 2010

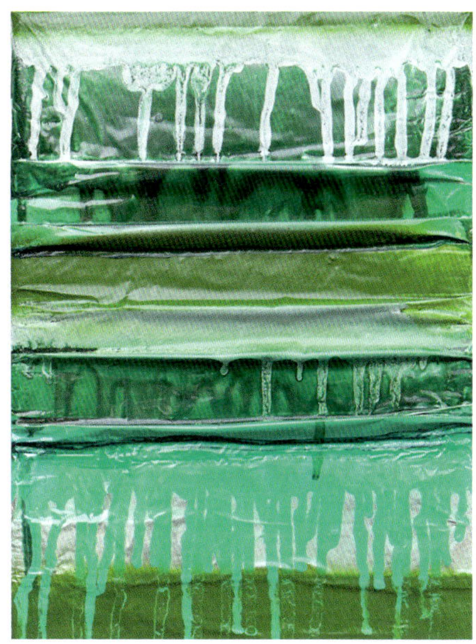

Horizontale Struktur Grün, 2010
Horizontale Struktur Schwarz Blau Rot, 2010

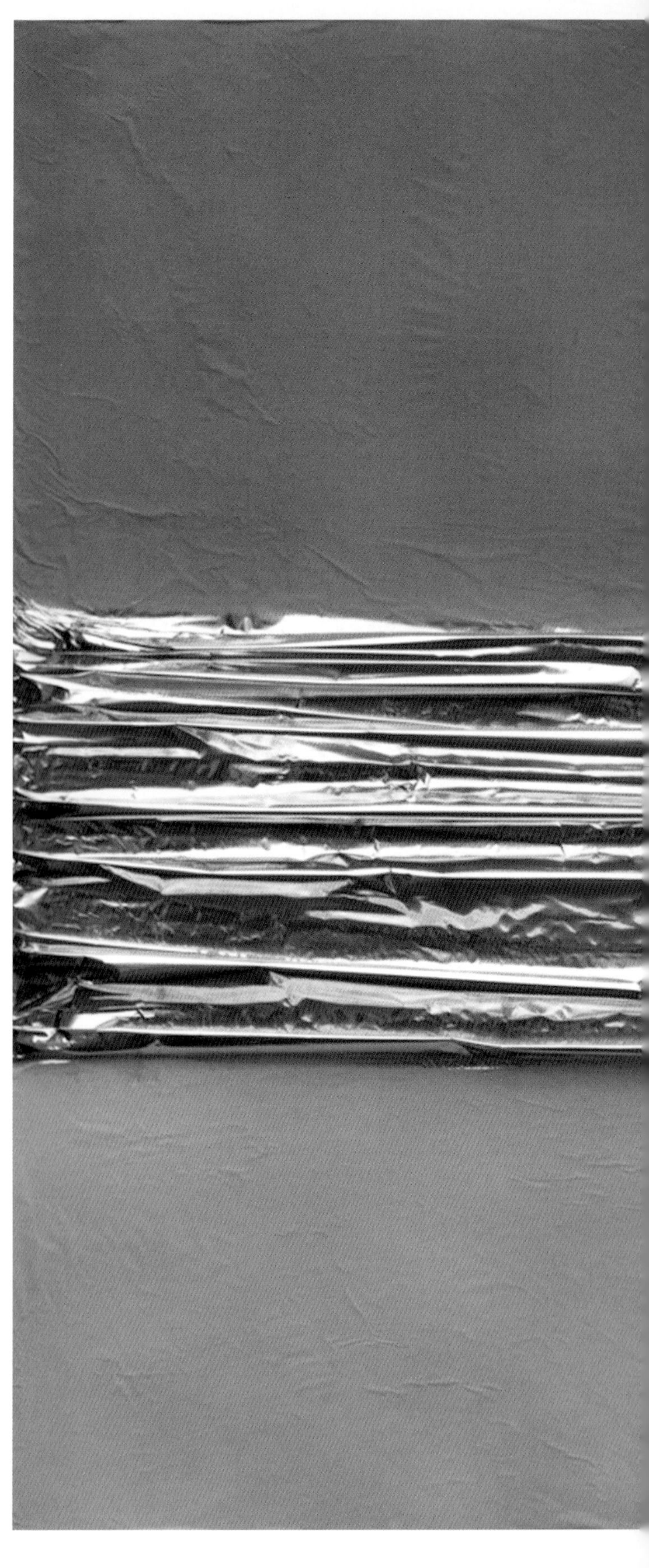

Horizontale Struktur Grau Weiß, 2009

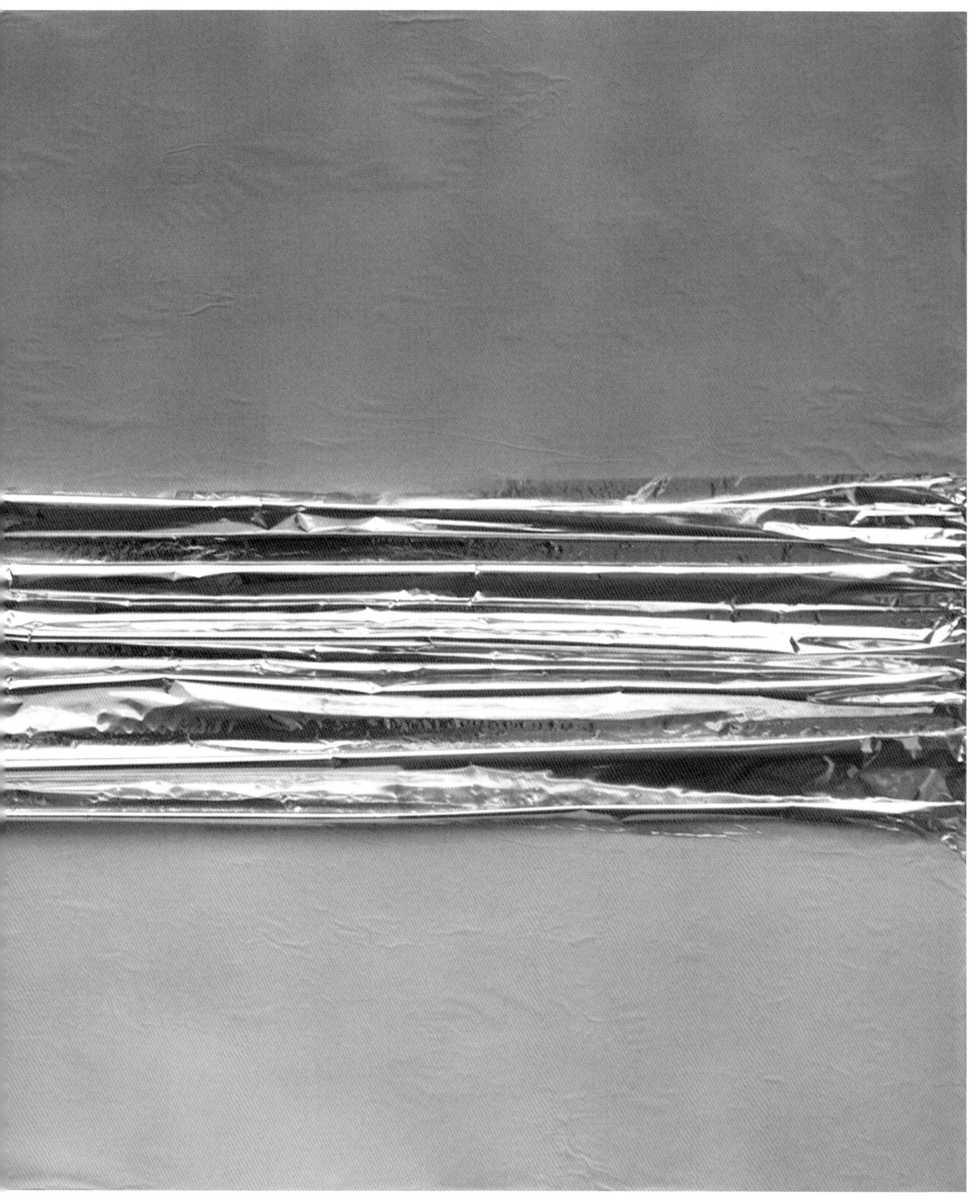

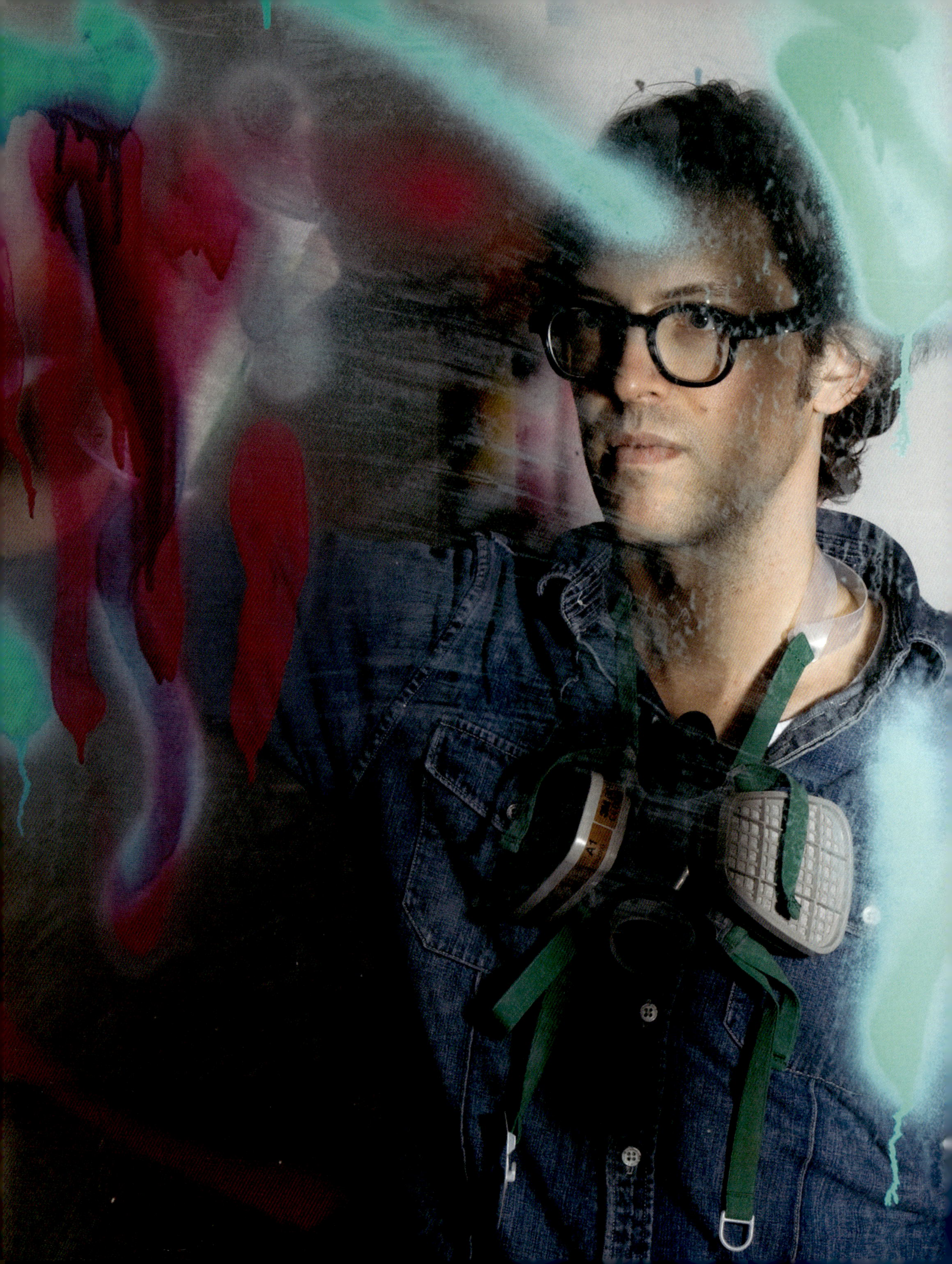

Michael Gerngroß

born Oct. 20, 1977, in Ulm, Germany, lives and works in Munich.

2001 Student of Prof. Gerd Dengler at the Academy of Fine Arts, Munich 2002 Assistant in the silkscreen workshop 2003 Erasmus Scholarship, studies at the Academy of Fine Arts, Naples 2004 Photo assistant of Massimo Velo (Beni Culturali, Napoli) 2004 Continuation of studies at the Academy of Fine Arts, Munich 2006 Scholarship from the Fanny-Carlita-Stiftung (financial support) 2006 Class of Prof. Jerry Zeniuk, Academy of Fine Arts, Munich 2009 Diploma in Prof. Jerry Zeniuk's class, Academy of Fine Arts, Munich

Selected Exhibitions

2010 mbf-Kunstprojekte, Munich, "Traces" (solo exhibition and presentation of the catalogue) 2010 Monument Art Galerie, Jettingen-Scheppach 2009 Lothringer 13, Munich, Weltraum Jahresüberblick 2009 Studio Michael Gerngroß, Munich, "Im kleinen Rahmen" (solo exhibition) 2009 Modern Art Gallery, Los Angeles, USA, "Bavarian Show" 2009 Monument Art Galerie, "Michael Gerngroß", Jettingen-Scheppach (solo exhibition) 2008 Galerie in Bewegung, "Flußabwärts-flußaufwärts", Landshut and Munich 2008 Galerie Noah, Augsburg, Group Exhibition 2008 Arcademi, Munich 2008 Katholische Hochschulgemeinde of the University of Munich, "O.T." (solo exhibition) 2007 Koloss-Saal, Academy of Fine Arts, Munich, "Wir zeigen fast alles I" 2007 Kunstpavillon, Munich, "Wir zeigen fast alles II" 2005 Herkulessaal der Residenz, Munich, "Die Schöpfung" 2005 Galerie Kunstoffice, Berlin, "Fermata Napoli" (solo exhibition) 2004 Staatliche Antikensammlung, Munich, "Hortus Obscurus" 2004 Casina Pompeiana Napoli, "Televisione arma di distrazione di massa" in cooperation with the Goethe Institute Naples, Italy 2003 Museo Archeologico Nazionale, Naples, Italy, "Hortus Obscurus"

Public Collections

– Collection of Contemporary Art, BMW-Group, Munich
– Carlo Rendano Association, Naples, Italy

Michael Gerngroß

geboren am 20. Okt. 1977 in Ulm, lebt und arbeitet in München.

2001 Studium an der Akademie der Bildenden Künste München bei Prof. Gerd Dengler 2002 Werkstattassistent im Bereich Siebdruck 2003 Erasmus-Stipendium, Studium an der Accademia di Belle Arti, Neapel 2004 Fotoassistent bei Massimo Velo (Beni Culturali, Neapel) 2004 Fortsetzung des Studiums an der Akademie der Bildenden Künste München 2006 Stipendium der Fanny-Carlita-Stiftung, München (finanzielle Förderung) 2006 Studium bei Prof. Jerry Zeniuk, Akademie der Bildenden Künste München 2009 Diplom bei Prof. Jerry Zeniuk, Akademie der Bildenden Künste München

Ausstellungen im In- und Ausland (Auswahl)

2010 mbf-Kunstprojekte, München, „Spuren" (Einzelausstellung und Katalogpräsentation) 2010 Monument Art Galerie, Jettingen-Scheppach 2009 Lothringer 13, München, „Weltraum Jahresüberblick" 2009 Atelier Michael Gerngroß, München, „Im kleinen Rahmen" (Einzelausstellung) 2009 Modern Art Gallery, Los Angeles, USA, „Bavarian Show" 2009 Monument Art Galerie, Jettingen-Scheppach, „Michael Gerngroß" (Einzelausstellung) 2008 Katholische Hochschulgemeinde der Ludwig-Maximilians-Universität München, „O.T." (Einzelausstellung) 2008 Galerie in Bewegung, Landshut und München, „Flussabwärts-flussaufwärts" 2008 Galerie Noah, Augsburg, Gruppenausstellung 2008 Arcademi, München, „Jan Davidoff und Michael Gerngroß" 2007 Koloss-Saal der Akademie der Bildenden Künste München, „Wir zeigen fast alles I" 2007 Kunstpavillon, München, „Wir zeigen

fast alles II" **2005** Herkulessaal der Residenz München, „Die Schöpfung" **2005** Kunstoffice, Berlin, „Fermata Napoli" (Einzelausstellung) **2004** Staatliche Antikensammlungen, München, „Hortus Obscurus" **2004** Casina Pompeiana, Neapel, „Televisione arma di distrazione di massa", in Zusammenarbeit mit dem Goethe-Institut Neapel **2003** Museo Archeologico Nazionale, Neapel, „Hortus Obscurus"

Öffentliche Sammlungen

– Sammlung „Zeitgenössische Kunst" der BMW-Group, München
– Carlo Rendano Association, Neapel, Italien

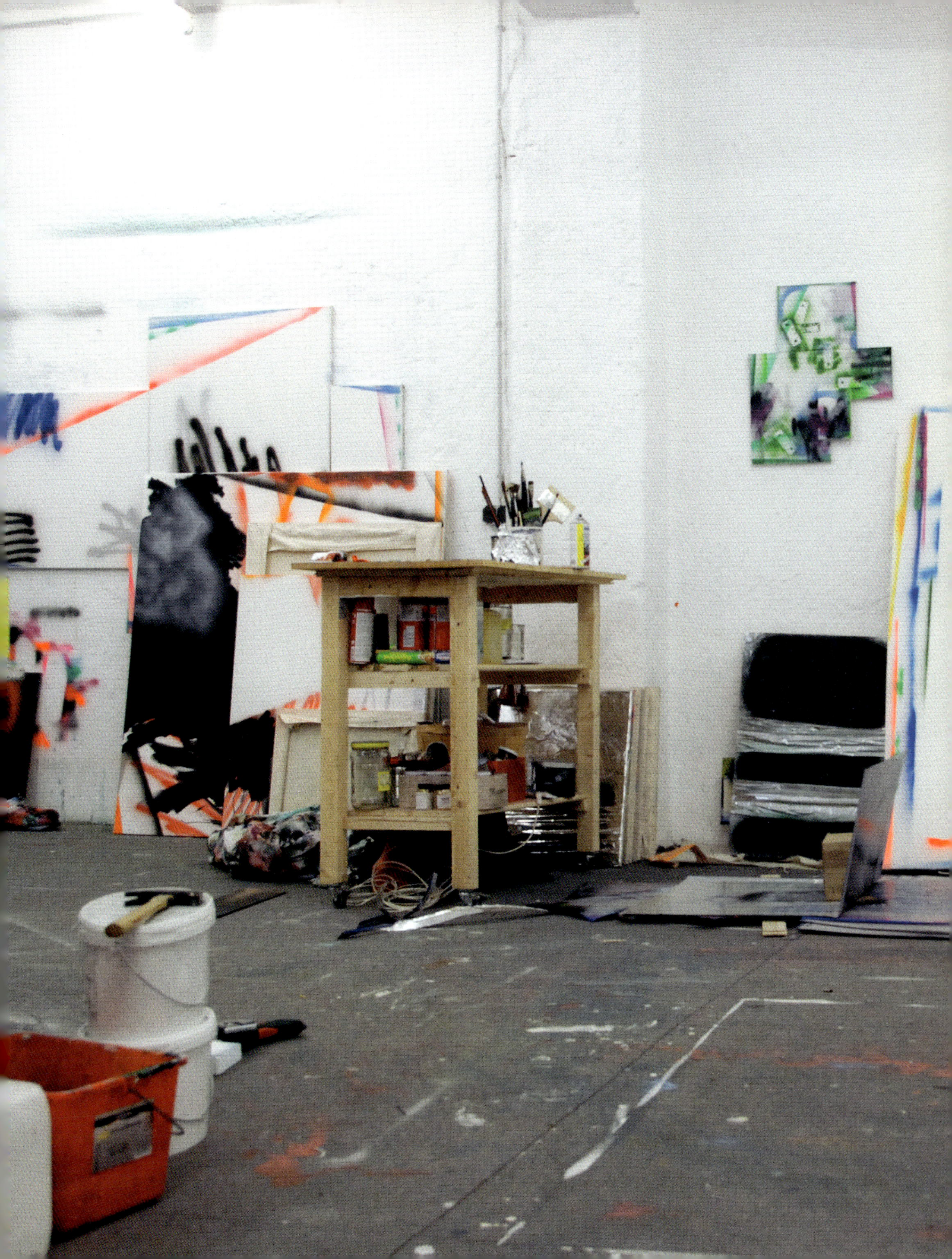

Liste der Werke
List of Works

Seite / page 08
Imaginary Places I, 2006
Öl auf Leinwand / oil on canvas
90 x 80 cm (35.43 x 31.5 in)

Seite / page 08
Imaginary Places II, 2006
Öl auf Leinwand / oil on canvas
100 x 90 cm (39.37 x 35.43 in)

Seite / page 09
Salome, 2006
Öl auf Leinwand / oil on canvas
125 x 140 cm (49.21 x 55.12 in)

Seite / page 10
Flächen und Stäbe, 2009
Mischtechnik auf Aluminiumfolie
auf Hartfaser / mixed media
on aluminium foil on masonite
130 x 140 cm (51.18 x 55.12 in)

Seite / page 10
Overview, 2009
Mischtechnik auf Aluminiumfolie
auf Hartfaser / mixed media
on aluminium foil on masonite
220 x 170 cm (86.61 x 66.93 in)

Seite / page 14
Dezember 5 II, 2007
Öl auf Hartfaser / oil on masonite
40 x 30 cm (15.75 x 11.81 in)

Seite / page 15
Dezember 3 I, 2007
Öl auf Hartfaser / oil on masonite
40 x 30 cm (15.75 x 11.81 in)

Seite / page 16
Dezember 5 III, 2007
Öl auf Hartfaser / oil on masonite
40 x 30 cm (15.75 x 11.81 in)

Seite / page 17
Dezember 3 II, 2007
Öl auf Hartfaser / oil on masonite
40 x 30 cm (15.75 x 11.81 in)

Seite / page 18
Farbraum, 2008
Öl auf Hartfaser / oil on masonite
135 x 125 cm (53.15 x 49.21 in)

Seite / page 19
Februar 2, 2008
Öl auf Hartfaser / oil on masonite
140 x 130 cm (55.12 x 51.18 in)

Seite / page 20
N.Y., 2008
Öl auf Hartfaser / oil on masonite
140 x 130 cm (55.12 x 51.18 in)

Seite / page 21
Februar 17, 2008
Öl auf Hartfaser / oil on masonite
140 x 130 cm (55.12 x 51.18 in)

Seite / page 39
Monotypie 0016, 2009
Mischtechnik auf Papier /
mixed media on paper
100 x 70 cm (39.37 x 27.56 in)

Seite / page 40
Überlagerung Rot Braun, 2009
Mischtechnik auf Papier /
mixed media on paper
50 x 35 cm (19.69 x 13.78 in)

Seite / page 40
Spannungsfeld Rot Grün Blau, 2009
Mischtechnik auf Papier /
mixed media on paper
50 x 35 cm (19.69 x 13.78 in)

Seite / page 40
Große Figur, 2009
Mischtechnik auf Papier /
mixed media on paper
50 x 35 cm (19.69 x 13.78 in)

Seite / page 40
Leuchtfeuer, 2009
Mischtechnik auf Papier /
mixed media on paper
50 x 35 cm (19.69 x 13.78 in)

Seite / page 40
Gegenüber, 2009
Mischtechnik auf Papier /
mixed media on paper
50 x 35 cm (19.69 x 13.78 in)

Seite / page 40
Netzwerk Rot Orange, 2009
Mischtechnik auf Papier /
mixed media on paper
50 x 35 cm (19.69 x 13.78 in)

Seite / page 41
Sanfte Entladung, 2009
Mischtechnik auf Papier /
mixed media on paper
50 x 35 cm (19.69 x 13.78 in)

Seite / page 41
Überlagerung Gelb, 2009
Mischtechnik auf Papier /
mixed media on paper
50 x 35 cm (19.69 x 13.78 in)

Seite / page 41
Skulpturale Form, 2009
Mischtechnik auf Papier /
mixed media on paper
50 x 35 cm (19.69 x 13.78 in)

Seite / page 41
Zentralsystem, 2009
Mischtechnik auf Papier /
mixed media on paper
50 x 35 cm (19.69 x 13.78 in)

Seite / page 41
Nach Vorne, 2009
Mischtechnik auf Papier /
mixed media on paper
50 x 35 cm (19.69 x 13.78 in)

Seite / page 41
Objektspiegelung, 2009
Mischtechnik auf Papier /
mixed media on paper
50 x 35 cm (19.69 x 13.78 in)

Seite / page 42
Monotypie 0018, 2009
Mischtechnik auf Papier /
mixed media on paper
100 x 70 cm (39.37 x 27.56 in)

Seite / page 43
Monotypie 0019, 2009
Mischtechnik auf Papier /
mixed media on paper
100 x 70 cm (39.37 x 27.56 in)

Seite / page 44
Monotypie 0020, 2009
Mischtechnik auf Papier /
mixed media on paper
100 x 70 cm (39.37 x 27.56 in)

Seite / page 45
Monotypie 0022, 2009
Mischtechnik auf Papier /
mixed media on paper
100 x 70 cm (39.37 x 27.56 in)

Seite / page 46
Monotypie 0024, 2009
Mischtechnik auf Papier /
mixed media on paper
100 x 70 cm (39.37 x 27.56 in)

Seite / page 47
Monotypie 0025, 2009
Mischtechnik auf Papier /
mixed media on paper
100 x 70 cm (39.37 x 27.56 in)

Seite / page 48
Monotypie 0031, 2009
Mischtechnik auf Papier /
mixed media on paper
100 x 70 cm (39.37 x 27.56 in)

Seite / page 49
Monotypie 0030, 2009
Mischtechnik auf Papier /
mixed media on paper
100 x 70 cm (39.37 x 27.56 in)

Seite / page 51
Monotypie 0026, 2009
Mischtechnik auf Papier /
mixed media on paper
100 x 70 cm (39.37 x 27.56 in)

Seite / page 64
Blau Horizontale Struktur, 2009
Mischtechnik auf Aluminiumfolie
auf Hartfaser / mixed media
on aluminium foil on masonite
40 x 30 cm (15.75 x 11.81 in)

Seite / page 65
Grün Horizontale Struktur, 2009
Mischtechnik auf Aluminiumfolie
auf Hartfaser / mixed media
on aluminium foil on masonite
40 x 30 cm (15.75 x 11.81 in)

Seite / page 67
Rot Horizontale Struktur Grün, 2009
Mischtechnik auf Aluminiumfolie
auf Leinwand / mixed media
on aluminium foil on canvas
200 x 170 cm (78.74 x 66.93 in)

Seite / page 68
Horizontale Struktur Gelb, 2009
Mischtechnik auf Aluminiumfolie
auf Hartfaser / mixed media
on aluminium foil on masonite
40 x 30 cm (15.75 x 11.81 in)

Seite / page 68
Horizontale Struktur Gelb Orange, 2009
Mischtechnik auf Aluminiumfolie
auf Hartfaser / mixed media
on aluminium foil on masonite
40 x 30 cm (15.75 x 11.81 in)

Seite / page 69
Horizontale Struktur Blau Orange, 2009
Mischtechnik auf Aluminiumfolie
auf Hartfaser / mixed media
on aluminium foil on masonite
40 x 30 cm (15.75 x 11.81 in)

Seite / page 69
M Horizontale Struktur, 2009
Mischtechnik auf Aluminiumfolie
auf Hartfaser / mixed media
on aluminium foil on masonite
40 x 30 cm (15.75 x 11.81 in)

Seite / page 70
Horizontale Struktur Weiß Blau, 2009
Mischtechnik auf Aluminiumfolie
auf Hartfaser / mixed media
on aluminium foil on masonite
40 x 30 cm (15.75 x 11.81 in)

Seite / page 71
Horizontale Struktur Rot, 2009
Mischtechnik auf Aluminiumfolie
auf Hartfaser / mixed media
on aluminium foil on masonite
40 x 30 cm (15.75 x 11.81 in)

Seite / page 72
Horizontale Struktur Blau Schwarz, 2010
Mischtechnik auf Aluminium
auf Hartfaser / mixed media
on aluminium foil on masonite
80 x 60 cm (31.5 x 23.62 in)

Seite / page 73
Horizontale Struktur Gelb Schwarz, 2009
Mischtechnik auf Aluminiumfolie
auf Hartfaser / mixed media
on aluminium foil on masonite
55 x 44 cm (21.65 x 17.32 in)

Seiten / pages 74,75
Spuren Silber Schwarz, 2010
Mischtechnik auf Leinwand /
mixed media on canvas
180 x 216 cm (70.87 x 85.04 in)

Seite / page 77
**Spuren Gelb Rot Schwarz
(Wandarbeit), 2010**
Sprühfarbe auf Wand mit Leinwand /
spray paint on wall and canvas
100 x 80 cm (39.37 x 31.5 in)

Seiten / pages 78,79
Spuren Rot Schwarz, 2010
Mischtechnik auf Leinwand /
mixed media on canvas
210 x 220 cm (82.68 x 86.61 in)

Seite / page 80
Spuren Gelb Schwarz, 2010
Mischtechnik auf Leinwand /
mixed media on canvas
54 x 48 cm (21.26 x 18.9 in)

Seite / page 81
Spuren Rot Blau, 2010
Sprühfarbe auf Leinwand /
spray paint on canvas
54 x 48 cm (21.26 x 18.9 in)

Seiten / pages 82,83
Spuren Gelb Schwarz, 2010
Sprühfarbe auf Leinwand /
spray paint on canvas
176 x 185 cm (69.29 x 72.83 in)

Seite / page 84
Horizontale Struktur M.O., 2009
Mischtechnik auf Aluminiumfolie
auf Hartfaser / mixed media
on aluminium foil on masonite
55 x 44 cm (21.65 x 17.32 in)

Seite / page 85
Horizontale Struktur Schwarz Weiß, 2009
Mischtechnik auf Aluminiumfolie
auf Hartfaser / mixed media
on aluminium foil on masonite
55 x 44 cm (21.65 x 17.32 in)

Seite / page 87
Horizontale Struktur Grün Schwarz, 2010
Mischtechnik auf Aluminiumfolie
auf Hartfaser / mixed media
on aluminium foil on masonite
80 x 60 cm (31.5 x 23.62 in)

Seite / page 88
Horizontale Struktur Blau Orange, 2009
Mischtechnik auf Aluminiumfolie
auf Hartfaser / mixed media
on aluminium foil on masonite
55 x 44 cm (21.65 x 17.32 in)

Seite / page 89
Horizontale Struktur Schwarz Grau, 2009
Mischtechnik auf Aluminiumfolie
auf Hartfaser / mixed media
on aluminium foil on masonite
55 x 44 cm (21.65 x 17.32 in)

Seite / page 90

Horizontale Struktur Rotbraun, 2010
Mischtechnik auf Aluminiumfolie
auf Leinwand / mixed media
on aluminium foil on canvas
60 x 50 cm (23.62 x 19.69 in)

Seite / page 91

Horizontale Struktur Gelb Grau, 2009
Mischtechnik auf Aluminiumfolie
auf Hartfaser / mixed media
on aluminium foil on masonite
40 x 30 cm (15.75 x 11.81 in)

Seite / page 92

Horizontale Struktur Schwarz Blau, 2010
Mischtechnik auf Aluminiumfolie
auf Leinwand / mixed media
on aluminium foil on canvas
24 x 18 cm (9.45 x 7.09 in)

Seite / page 92

Horizontale Struktur Gelb, 2010
Mischtechnik auf Aluminiumfolie
auf Leinwand / mixed media
on aluminium foil on canvas
24 x 18 cm (9.45 x 7.09 in)

Seite / page 93

Horizontale Struktur Grün, 2010
Mischtechnik auf Aluminiumfolie
auf Leinwand / mixed media
on aluminium foil on canvas
24 x 18 cm (9.45 x 7.09 in)

Seite / page 93

**Horizontale Struktur Schwarz Blau Rot,
2010**
Mischtechnik auf Aluminiumfolie
auf Leinwand / mixed media
on aluminium foil on canvas
24 x 18 cm (9.45 x 7.09 in)

Seiten / pages 94,95

Horizontale Struktur Grau Weiß, 2009
Mischtechnik auf Aluminiumfolie
auf Karton / mixed media
on aluminium foil on cardboard
60 x 80 cm (23.62 x 31.5 in)

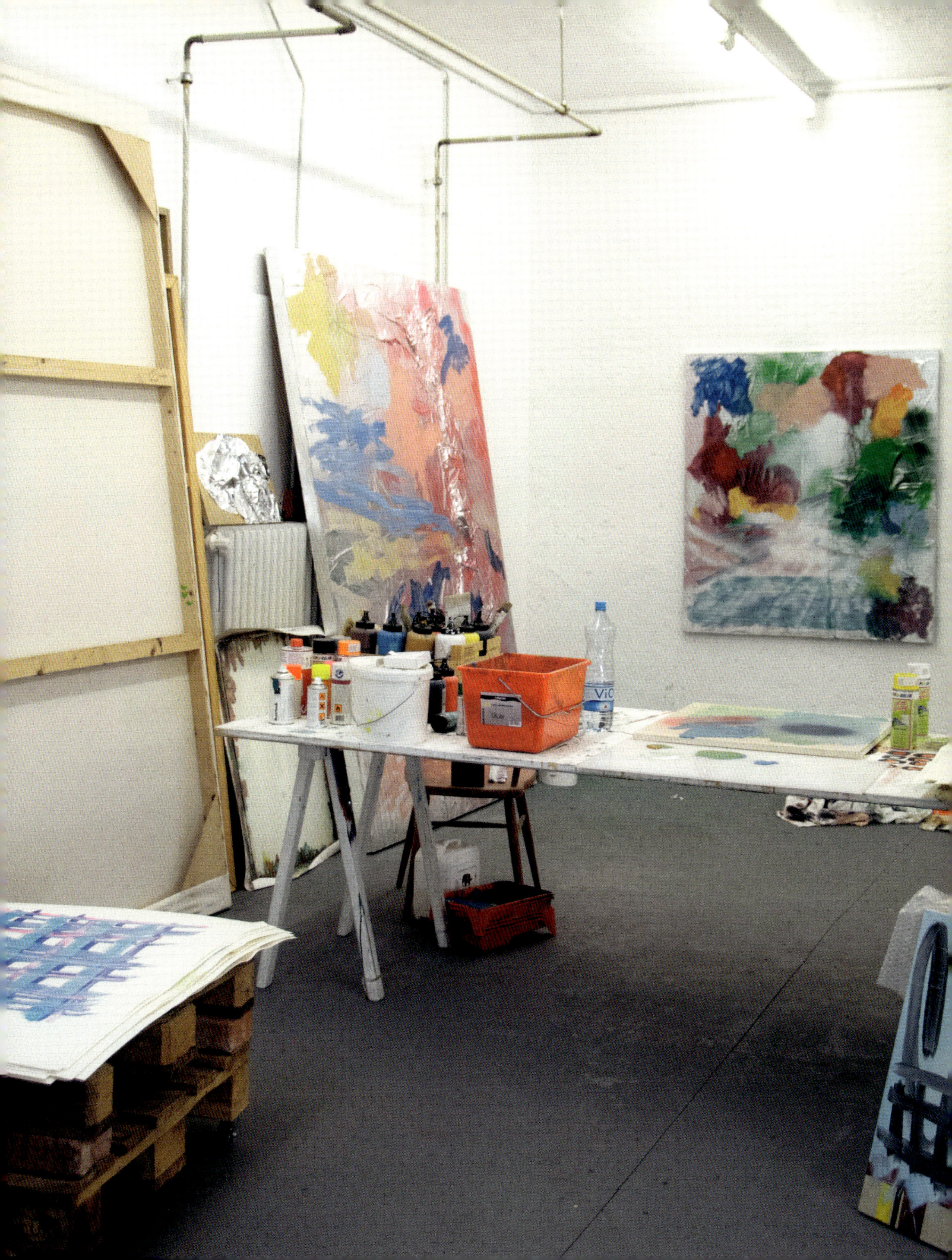

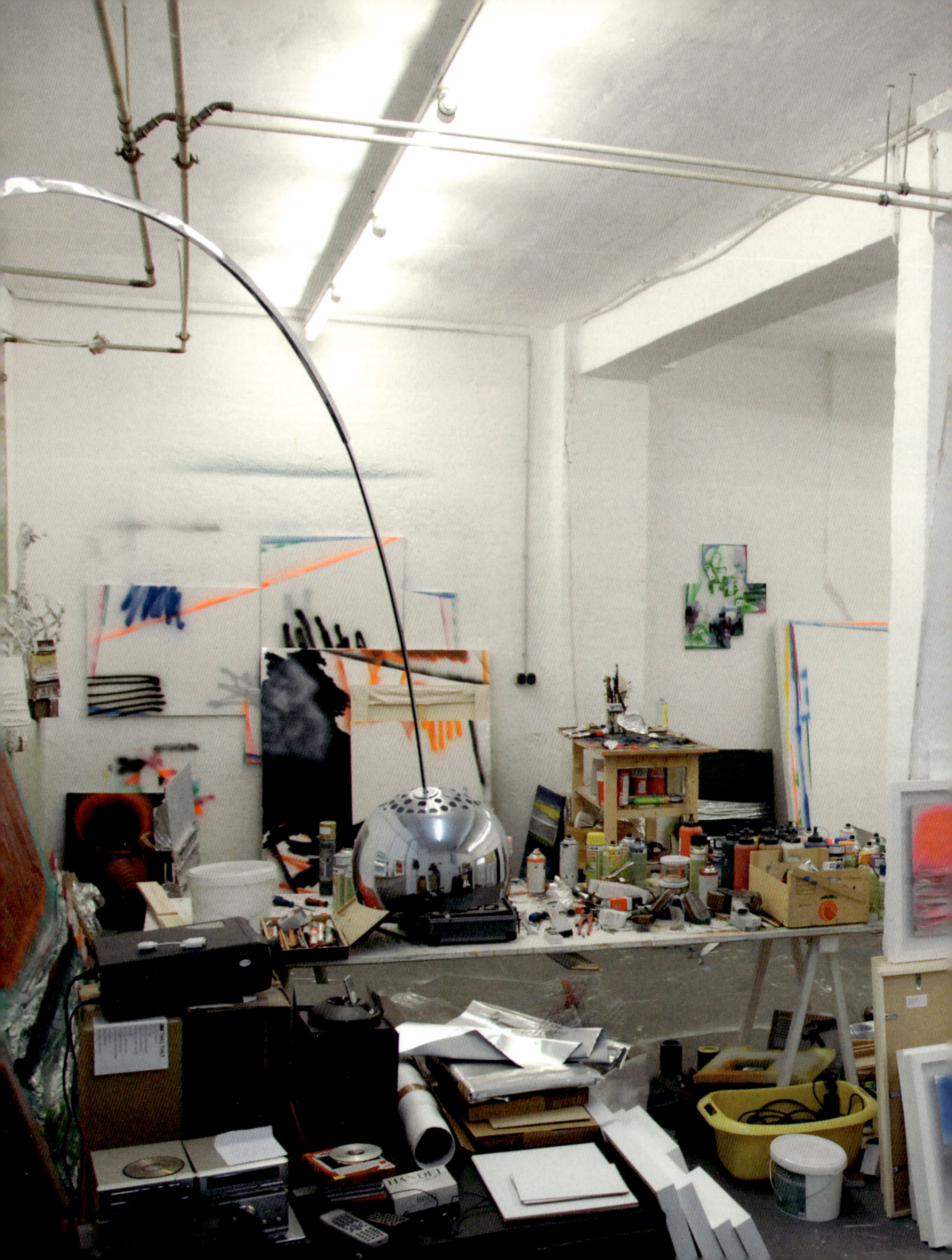

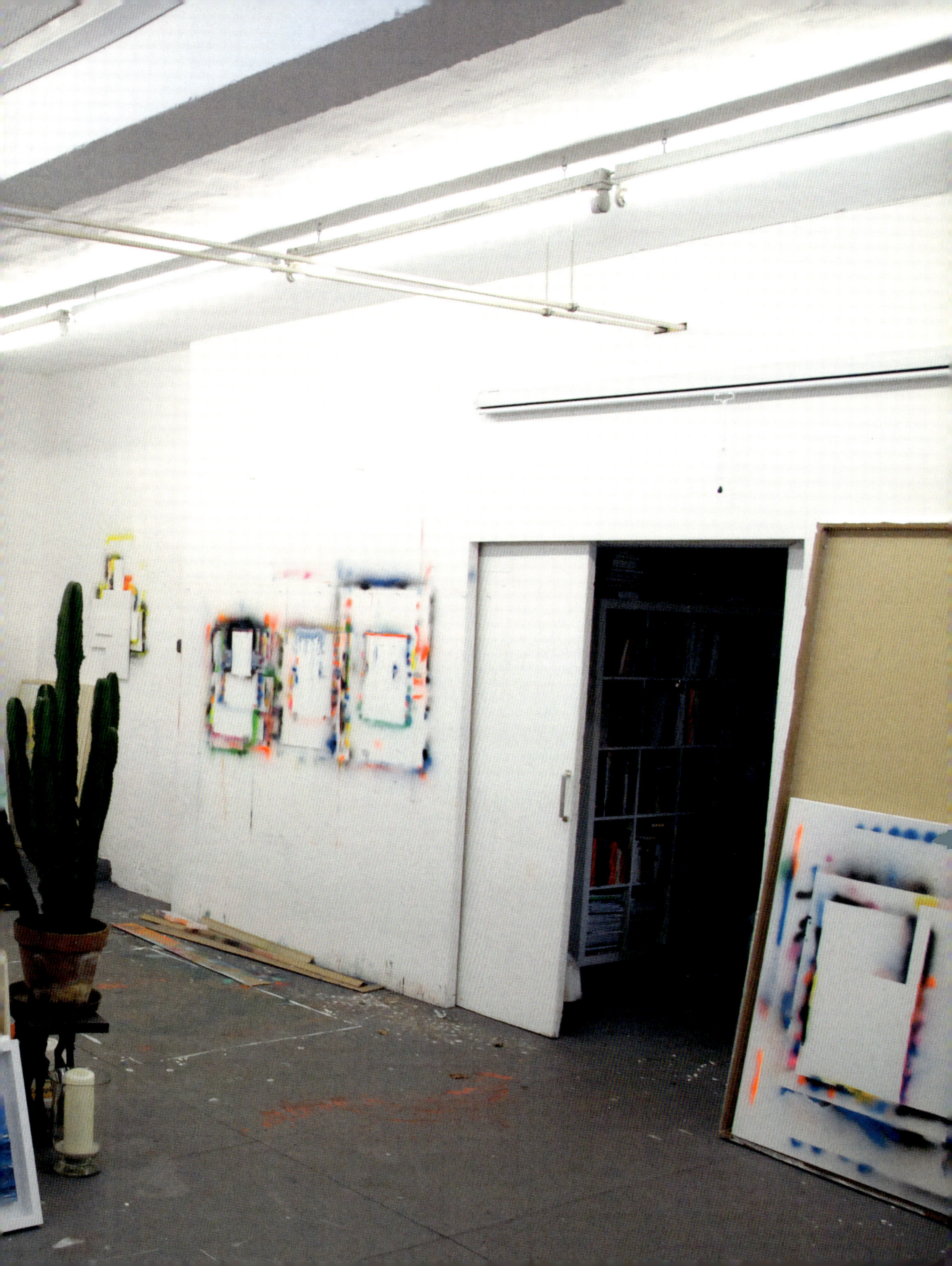

Impressum
Imprint

Herausgeber / Editor
Karsten Löckemann

Fotografie / Photography
Julia Rotter
Michael Gerngroß

Autoren / Authors
Bettina Beckert
Karsten Löckemann

Übersetzung / Translation
Patricia von Eicken

Korrektorat / Proofreading
Deutsch / German:
Kathleen Herfurth
Englisch / English:
Anne O'Connor

Gestaltung / Graphic Design
Timo Thurner
www.stvk.de

Auflage / Print run
900

Gesamtherstellung / Printed and published by
Kerber Verlag, Bielefeld
Windelsbleicher Str. 166–170
33659 Bielefeld
Germany
Tel. +49 (0) 5 21 9 50 08 10
Fax +49 (0) 5 21 9 50 08 88
info@kerberverlag.com
www.kerberverlag.com

Kerber, US Distribution
D. A. P., Distributed Art Publishers, Inc.
155 Sixth Avenue, 2nd Floor
New York, NY 10013
Tel. +1 212 6 27 19 99
Fax +1 212 6 27 94 84

Die Deutsche Nationalbibliothek verzeichnet diese
Publikation in der Deutschen Nationalbibliografie;
detaillierte bibliografische Daten sind im Internet
über http://dnb.d-nb.de abrufbar.
The Deutsche Nationalbibliothek holds a record of
this publication in the Deutsche Nationalbibliografie;
detailed bibliographical data can be found under:
http://dnb.d-nb.de.

© 2010 Kerber Verlag Bielefeld / Leipzig / Berlin,
Autoren, Herausgeber und Künstler / Authors,
Publisher and Artist

ISBN 978-3-86678-423-9
Printed in Germany

Mit freundlicher Unterstützung von
Kindly sponsored by

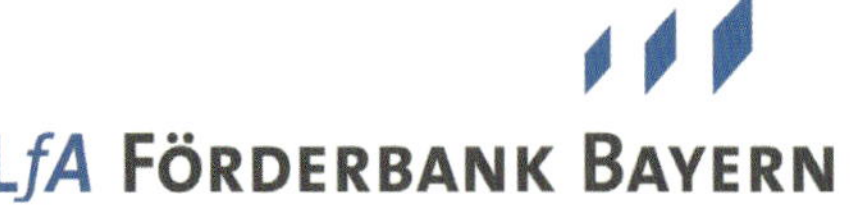